LETTRES INÉDITES

ADRESSÉES A

JANIN DE COMBE-BLANCHE.

Roanne. — Imprimerie de FERLAY.

LETTRES INÉDITES

DE SOUVERAINS ET DE PERSONNAGES ÉMINENTS

DU XVIIIᵉ SIÈCLE,

Ecrites à JANIN DE COMBE-BLANCHE,

Le plus célèbre oculiste du siècle dernier,

Avec des réflexions

PAR

Adrien PELADAN.

PARIS.

DENTU ,

Palais-Royal , galerie vitrée , 13.

1858.

INTRODUCTION.

—

C'est toujours une étude pleine d'intérêt que l'existence d'un homme qui, sorti d'une condition ordinaire, s'est élevé aux premiers rangs. Si le personnage n'a dû sa gloire et sa fortune qu'à son génie, le tableau est plus solennel encore, et il devient digne des regards de la postérité.

Ce spectacle nous est présenté par la vie de Janin de Combe-Blanche.

Né à Carcassonne le 12 juin 1731, d'une famille de négociants honorables, Jean-Antoine-Michel-Dieudonné Janin fit ses premières études au collége de cette ville. Les mœurs légères du temps se réfléchissaient jusques sur la jeunesse des écoles ; mais au milieu de l'enjouement et de l'étourderie de ses camarades, Janin se montra réfléchi, observateur. Il préluda à la haute réputation qui l'attendait dans le monde par des succès classiques. Il ne suivit cependant pas de cours d'humanités et de philosophie, à cause de nous ne savons quelles circonstances , et c'est à son amour du travail, à son zèle ardent pour la science , qu'il dut le complément d'une instruction restée d'abord inachevée. Les esprits supérieurs ont ainsi le privilége d'acquérir, par leurs propres forces, ce que les autres n'obtiennent qu'avec le secours des maîtres.

Janin était doué d'une souplesse d'intelligence qui lui rendait tout facile , et telles furent ses facultés naturelles , que nous le verrons, dans le cours si bien rempli de sa longue carrière , puiser étonnamment dans son propre fonds, et ne devoir qu'à ses intuitions privilégiées les heureux travaux qui répandirent son nom dans l'Europe entière.

Issu de parents laborieux, de bonne heure il dut songer à une profession ; il choisit la médecine. Il fut initié aux premiers éléments de cette science, à l'hôpital de Carcassonne , sous la direction de Bouquier , médecin en chef , qui, d'abord son maître, devint bientôt son ami. Mais ce théâtre était peu en rapport avec ses aptitudes, et il dut venir trouver à la Faculté de Montpellier , des lumières qui répondissent mieux à ses belles dispositions. Dans cette métropole célèbre de l'enseignement médical, il respira plus aisément, et la capacité des professeurs qu'il entendit, donna l'essor à son génie. Nouvelle ardeur au travail, nouvelle application, à l'anatomie surtout, où il fit les plus signalés progrès. Riche des fruits de ses labeurs et de leçons qui l'avaient fortifié, il va s'établir à La Calmette, bourg situé entre Nîmes et Alais. Il y débute par plusieurs cures remarquables, dont il éprouve une vive satisfaction. « Malheur à celui qui, dit à ce sujet M. Pointe, comme lui, n'a pas senti bondir son cœur la première fois qu'il a arraché une victime à la mort, ou rendu la lumière au malheureux qui se croyait pour toujours plongé dans les ténèbres ! »

Un médecin qui n'aurait pas été poussé par un ascendant non vulgaire, se fût contenté des triomphes obscurs mais calmes qu'il obtenait au sein d'une petite population qui l'eût béni ; mais Janin sentait l'aiguillon de la gloire, et il quitta La Calmette pour Avignon, où il put à la fois exercer sa profession et agrandir la sphère de ses connaissances. C'est alors qu'il s'adonna spécialement à l'observation des maladies des yeux, branche de l'art qu'il adopta, dit le docteur précité, par « la nécessité de limiter le cercle des connaissances qu'il devait acquérir, pour devenir plus profond, et le besoin de remédier à une infirmité dont il était lui-même victime. »

M. Delandine, dans l'éloge funèbre qu'il prononça sur la tombe de son ami, caractérise ainsi ce que fit Janin dans la partie de l'art médical où nul ne le surpassa : « La nature lui avait donné des yeux myopes et souvent malades. L'infirmité qu'il ressentait lui fit naître le

désir de l'adoucir dans les autres. Dès-lors,
que de soins, que de veilles, que d'expériences n'employa-t-il pas pour connaître cet organe
si délicat où tous les objets viennent se peindre, qui renferme dans un petit orbite les plus
vastes scènes, et où l'univers envoie en tribut
la représentation successive de tout ce qui le
forme! Malheur à quiconque en est privé! Pour
lui la vie n'est plus qu'une longue calamité ;
la nature un désert obscur et entouré d'affreux
précipices. M. Janin, près avoir disséqué les
yeux de tous les animaux, et comme Hodier-
na, ceux des insectes même, rapporta ses
observations à l'œil de l'homme et au mystère
admirable de la vue. Il approfondit les causes
qui peuvent l'altérer, l'affaiblir, l'éteindre ; il
trouva le moyen de la fortifier contre les attein-
tes de la vieillesse, d'étendre son domaine
lorsque le mal le resserre, de réunir les rayons
visuels qui divergent, de faire disparaître les
taches qui en interceptent la lumière, de ci-
catriser les ruptures de la cornée, de rétablir
la transparence du cristallin et de l'humeur
vitrée, de rendre la vie et le mouvement aux
nerfs optiques. Des travaux aussi constants
que pénibles furent suivis des plus grands
succès. Partout les maux disparureut devant le
savoir de M. Janin. Ceux même, tels que le sta-
philome et la goutte sereine, qui étaient regardés
comme incurables, ne le furent plus. Partout, sous
sa main savante, s'opérèrent les plus grands

prodiges. Il ne vécut plus qu'au milieu des bénédictions des familles où les bienfaits de son art firent renaître le bonheur. »

Une mémoire à laquelle un écrivain éminent consacra une si éloquente page, n'est pas une mémoire qui puisse s'éteindre. Mais reprenons le fil de notre récit.

Tant d'empressement à arracher ses secrets à la science, durent ouvrir au jeune chirurgien des horizons nouveaux ; le conduire à opérer des guérisons dont le bruit lui amena de loin des consultants. Sa réputation s'était effectivement répandue. « Cott, sous-maître de chœur du chapitre des barons de Saint-Just de Lyon, vint à Avignon pour se faire opérer de la cataracte ; l'opération fut pratiquée avec habileté, et le dixième jour ce religieux put célébrer la sainte messe. Plus tard, Janin se rendit lui-même à Lyon ; des personnages marquants le consultèrent. Appelé à l'Hotel-Dieu, il opéra un grand nombre de malades, et le succès couronna presque toutes ses opérations. Flatté de l'accueil qu'il recevait dans cette ville, il résolut de s'y fixer ; mais avant de mettre ce projet à exécution, il fit un voyage à Paris, y vit opérer les grands maîtres, et revint à Lyon en 1767 (1). »

C'est ainsi que celui qui devait prendre place, dans l'avenir, parmi les princes de la science,

(1) Pointe. *Eloge de Jean Janin.*

6

voulut épuiser en quelque sorte les moyens
qui pouvaient fournir quelqu'aliment à ses invés-
tigations, avant de s'établir définitivement dans
la seconde ville du royaume , d'où sa renommée irait retentir dans les diverses capitales du
continent.

Afin de pouvoir se livrer sans trop d'impor-
tunités à la méditation , Janin choisit pour sa
résidence le faubourg de la Guillotière, où l'estime universelle lui valut, en 1789, le grade de
commandant de la garde nationale; où il siégea
longtemps au sein de l'édilité de cette commune et du bureau de bienfaisance. C'est là que
les malades affluèrent bientôt et qu'il mit le
comble à sa réputation par une foule de cures
mémorables.

Au talent de praticien, le brillant oculiste joignit le mérite non moins grand de théoricien.
Son premier opuscule sur les maladies des yeux
parut en 1759 ; ce n'était qu'un essai , qui se
ressentait de la jeunesse de l'auteur , comme
presque tous les ouvrages de tant d'écrivains
distingués, qui tentent la publicité pour la première fois. Mais c'était le germe d'un ouvrage plus important , qui devait suivre le premier : les *Observations* (1) devaient le faire mieux connaître
des savants. C'est là qu'il révèle des moyens
puisés dans ses conceptions, et qu'il écarte réellement les limites de certaines parties de l'art. Il y

(1) Observations sur les maladies des yeux : 1767.

aborde , comme précurseur des progrès que la physiologie est à la veille de réaliser , des points en litige sur lesquels il jette de la clarté. Les premiers chirurgiens du temps lui adressent des éloges , entre autres le célèbre Jean-Louis Petit, et cet ouvrage reçoit de chaleureux applaudissements à l'académie de Dijon.

De nouveaux *Mémoires* (1) parurent en 1772; c'est le plus important des écrits de Janin. Il y résume avec lucidité les doctrines des maîtres de l'art, qu'il couronne des fruits de son savoir et de son expérience. Traduit en plusieurs langues, ce livre étendit au-delà de nos frontiè res la réputation de son auteur. Des aperçus neufs et pleins d'intérèt sur les *Voies lacryma-les productrices* et les *voies lacrymales absor-bantes*, forment surtout la richesse de ce travail où les observations expérimentales, les théories qu'il résume et qu'il complète , des dissertations , un recueil de recettes, l'histoire de la cataracte, produisirent une profonde sensation dans le monde savant. Grâce à ce traité précieux, il a été fait justice d'erreurs qui régnaient alors sur les maladies des yeux, et plusieurs vérités capitales sur les mêmes points ont été mises hors de doute. A mesure que viendront les lettres qui suivront cette notice et les considérations

(1) Mémoires et observations anatomiques , physiologiques et physiques sur l'œil et sur les maladies qui affectent cet organe , avec un Précis des opérations et des remèdes qu'on doit pratiquer pour les guérir.

dont nous les accompagnerons, un plus grand jour sera répandu sur les magnifiques résultats des travaux de Janin.

Il publia aussi, en 1772, un opuscule sous ce titre: *Réflexions sur le triste sort des personnes qui, sous une apparence de mort, ont été enterrées vivantes, et sur les moyens qu'on doit mettre en usage pour prévenir une telle méprise.* Un développement de cet ouvrage excellent est demeuré manuscrit.

Dans un autre mémoire, il s'opposait à l'établissement d'un cimetière général au midi de la Guillotière, et indiquait comme bien préférable pour les inhumations, la colline de Loyasse: le temps a sanctionné la justesse de ce conseil.

L'*Antiméphitique*, publié en 1782, n'a pas été un sûr moyen de désinfection pour les égouts, les hôpitaux, etc. comme l'avait pensé l'auteur, trompé qu'il avait été par quelques expériences équivoques ; mais il a eu pour résultat d'attirer l'attention administrative sur un objet d'une importance capitale, et les découvertes du célèbre Hallé sont peut-être dûes à l'initiative de Janin.

On a encore de lui : *Réponse à M. O'Ryan sur le magnétisme animal* ; des articles de journaux où il accuse sa grande érudition et la facilité extrême de son esprit ; *la Vérité mise en évidence*, un *Traité de la vision*, un *Mémoire sur le glaucôme*, des *Méditations sur la génération*, quatre ouvrages inédits. — La *Lettre écrite de la région des morts*, par Daniel, oculiste du roi, au sieur Guérin, lui est attribuée.

Cependant la tourmente révolutionnaire vint à éclater et à priver les têtes pensantes du repos nécessaire à l'enfantement ou à la perfection des travaux utiles. Janin eut le bonheur de traverser cette phase terrible sans être remarqué par les anarchistes, ce qui eût été, comme pourtant d'autres sommités respectables, un arrêt de proscription et de mort, alors surtout qu'il avait été député à Paris par ses concitoyens et qu'il s'était opposé longtemps, dans l'intérêt de ses mandataires, à la réunion de la Guillotière à la ville de Lyon. Anobli d'ailleurs depuis 1785 seulement, ses opinions et son dévoûment au roi et à sa famille n'étaient nullement douteux pour personne.

L'agriculture, pour laquelle il avait un goût prononcé, lui doit l'exemple d'avoir le premier employé le plâtre comme engrais. Il avait découvert dans le Midi une mine de vitriol. Agrégé au collége de chirurgie de Paris, il exerça d'abord comme tel et ne se fit recevoir à celui de Lyon qu'en 1773. Le célèbre Pouteau en était prévôt en ce moment, et Janin fut un de ses successeurs dans cette dignité. Il eut la passion du bien public. Les richesses et l'importance qu'il avait acquises, il les employa toujours dignement. Aimant et sensible, il fut l'ami des pauvres et leur prodigua gratuitement des soins.

Parmi les titres honorifiques qui remplirent ses mains, nous citerons ceux de membre des académies de Dijou, de Montpellier, de Villefranche, d'Arras ; puis des académies des Sciences et des Arcades de Rome, de celles de Modène, de Lucques, de Turin, de Bologne.

En lui accordant des lettres de noblesse avec le titre d'écuyer, pour reconnaître ses services, Louis XVI le décora de l'ordre de Saint-Michel, dont le cordon était noir et se portait en écharpe sur l'habit. Mais nous ne saurions mieux finir cette introduction aux autographes qui suivent, que par les termes qui commencent le diplôme d'anoblissement de Janin de Combe-Blanche (1) :

« Louis, par la grâce de Dieu, roi de France et de Navarre, etc. Notre très-cher et bienaimé le sieur Jean Janin, natif de la ville de Carcassonne en Languedoc, etc. a rendu des services aussi distingués que précieux à l'humanité ; il ne cesse de donner de nouvelles preuves de son zèle et de son désintéressement à tous les infortunés qui ont recours à ses lu-

(1) Les armoiries consistent en un écu sinople et une tête de Janus d'argent ; partie d'azur à un lion rampant d'or et coupé de gueules, à un chien d'argent, passant sur une terrasse de sable mouvante de la pointe de l'écu ; et sur le tout une fasce d'or : le dit écu timbré d'un casque de profil, orné de ses lambrequins d'azur, d'or, de gueules, d'argent, de sable et de sinople.

mières et à ses talents. Il s'est livré à l'étude
des sciences les plus utiles , il a fait imprimer
successivement différents ouvrages qui, ayant
été traduits en plusieurs langues , ont obtenu
le suffrage général , et dont nombre d'univer-
sités et d'académies ont fait les plus grands
éloges : on remarque surtout ses mémoires
sur les maladies des yeux , sur les causes de
la mort subite , et sur les moyens d'y porter
remède : joignant dans l'art de guérir la pratique à la théorie , il est parvenu à faire beaucoup d'opérations délicates qu'on avait jugées
jusqu'alors impraticables. A des méthodes in-
certaines et compliquées , il en a substitué de
simples et de faciles qui ont journellement le
plus grand succès. Enfin on lui doit une multitude de découvertes qui attestent ses travaux
et ses connaissances. Nous l'avons jugé digne
d'une récompense si éclatante , que nous cro-
yons devoir le décorer de la Noblesse , et que
nous lui avons même accordé une place parmi
les chevaliers de notre ordre de Saint-Michel ,
etc. »

L'élévation octroyée en termes aussi flatteurs
par le roi-martyr , due à des œuvres de l'intelligence et à la pratique du bien , ne vaut-elle
pas nos illustrations de l'épée même les plus
mémorables?

Mais hâtons-nous de connaître Janin de
Combe-Blanche par la correspondance qu'il
avait reçue de souverains et de personnages de

la plus haute distinction : le cortége de renom-
mées qui va passer sous nos yeux , n'est pas
moins digne de piquer notre curiosité que de
nous offrir un grave enseignement historique
(1).

(1) Janin de Combe-Blanche connut les douceurs de la
paternité. Il avait un fils héritier de ses vertus , qui
préparait une nouvelle édition des Œuvres de son père ,
édition revue et améliorée par ce dernier , quand la tombe s'ouvrit aussi pour ce fils pieux , peu de mois après
le décès du grand oculiste , en 1825. Une fille de Janin
a survécu; elle a été unie à M. Nicod de Combe-blanche.
Cette famille est aujourd'hui représentée par M. Nicod
de Combe-Blanche, à qui nous devons la communication
des documents qui nous occupent , puis par la sœur
de ce petit-fils du grand oculiste , Mme Nestor Austíer.
Ils habitent tous le midi de la France, et nous dirions
leur mérite personnel s'ils étaient moins modestes et si
nous n'étions leur ami.

LETTRES INÉDITES

DE SOUVERAINS ET DE PERSONNAGES ÉMINENTS

DU XVIIIᵉ SIÈCLE,

ÉCRITES A JANIN DE COMBE-BLANCHE.

Les autographes que nous allons reproduire, nous ont été remis dans un double carton, sans arrangement de dates. Nous avons cru , en les publiant , devoir les disposer par ordre chronologique. Le lecteur ne sera donc pas supris, si , ne nous préoccupant nullement du rang de chaque correspondant , un savant précède un ministre ; un souverain vient après un prélat ; un académicien suit ou précède un duc et pair (1).

En quelle année commencèrent les relations de Janin avec beaucoup de ces sommités administratives, scientifiques , sociales, de la France et de l'Etranger ? C'est ce que nous ne saurions toujours préciser, non plus que le

---

(1) Nous réunirons cependant en un même fascicule , toutes les lettres d'un même personnage.

nombre de lettres qui ont pu s'égarer avant comme après sa mort.

Le premier nom qui se présente à nous dans le répertoire épistolaire que nous avons dans les mains, est celui de Voltaire, et la première date 1769. Il n'est pas probable que l'éminent docteur en fût alors à ses débuts avec plusieurs hommes considérables , avec l'auteur de la Henriade lui-même , qui, tout souffrant qu'il est , écrit avec tant de bienveillance. La lettre est timbrée de Genève et n'est pas signée, non plus que deux des suivantes... Voltaire, à cette époque , avait déjà 75 ans et ne signait que rarement sa correspondance qu'il dictait.

I.

A Monsieur Janin , oculiste de Paris, membre de plusieurs académies , à Lyon.

La personne à qui Monsieur Janin a écrit , a été trop malade pour lui répondre ; mais on a parlé fortement à M. de Beaumont qu'on a trouvé très-bien disposé.

On fait à Monsieur Janin les plus sincères compliments.

13ᵉ novembre 1769.

II.

A Monsieur Janin, etc.

Monsieur Janin ne croïait (1) pas écrire à un

(1) Nous ferons observer que nous rendons textuelle-

aveugle lorsqu'il a eu la bonté d'envoïer à Ferney son excellente dissertation. Il est vrai que celui qui l'a reçue n'est pas aveugle-né ; mais il a presque entièrement perdu la vue par des fluxions que l'âpreté du climat lui a jetées sur les yeux. Il n'en prend que plus d'intérêt à tout ce qui regarde les opérations de Monsieur Janin. Il lui présente ses remerciements, et il attend avec impatience le livre qu'il doit faire imprimer.

A Ferney, 15e auguste 1771.

III.

À Monsieur Janin, etc.

7e juillet 1773.

Le vieux malade de Ferney , qui sera bientôt enterré , et qui ne sera pas enterré vivant , puisqu'il est à moitié mort , remercie Monsieur Janin du service qu'il a rendu au genre humain , et l'assure de l'estime la plus sincère et la mieux méritée.

IV.

10e auguste, 1777 , à Ferney.

Ne sachant , Monsieur , si vous êtes encore

ment l'orthographe des lettres , où l'on trouvera de fréquentes particularités contrastant avec les lois actuelles de la grammaire. On sait d'ailleurs que Voltaire avait médité et a en partie opéré une révolution dans l'art d'écrire notre langue. Il avait deux secrétaires à la cour de Modène , ou si vous êtes revenu jouir de votre gloire dans votre patrie, j'adresse ma lettre à Lyon. Quoique ma faible voix ne puisse rien ajouter à vos brillants succe*z*, souffrez du moins que je vous dise combien je m'y intéresse, et combien je vous suis obligé d'avoir eu la bonté de m'en instruire.

Agréez , Monsieur, les sentiments de ma reconnaissance et de l'estime infinie avec laquelle j'ai l'honneur d'être votre très humble et très obéissant serviteur.

VOLTAIRE.

La suscription de cette lettre porte : *A M. Janin, médecin oculiste du Roi.*

Lorsque c'est Voltaire qui parle et qui adresse des éloges, il faut qu'ils soient mérités. Tout commentaire devient par conséquent inutile pour relever l'honneur de Janin , après les témoignages qui précèdent, le dernier surtout.

Je ne puis m'empêcher d'ajouter ici une réflexion : quel piquant ! quel naturel dans ce commerce épistolaire ! Combien ce style est gracieux , quand nulle influence maligne ne s'y mêle , et comme l'a dit de Maistre : « Quand je vois ce qu'il (Voltaire) pouvait faire et ce qu'il a fait, ses inimitables talents ne m'inspirent plus qu'une espèce de rage sainte qui n'a pas de nom. »

Ce qui reste de la correspondance de Janin, pour l'année 1769, première date que nous rencontrions dans les autographes que nous venons encore de feuilleter, se réduit à deux lettres des académies de Montpellier et de Villefranche, lui annonçant son agrégation à chacune d'elles. Ces lettres, comme celles de toutes les Compagnies auxquelles il appartint, sont conçues dans les termes les plus élogieux. Nous en donnerons une seule, celle de l'académie de Villefranche, à cause de l'homme distingué qui a tenu la plume et de l'ancienneté de ce corps savant, détruit aujourd'hui, comme tant d'autres belles institutions que le flux et le reflux révolutionnaires ont emportées.

V.

MONSIEUR,

J'ai l'honneur de vous adresser les lettres d'association à l'académie de Villefranche, que la compagnie m'a chargé de vous expédier, sur l'*envie* que vous avez marquée d'y être agrégé. Vos talents, Monsieur, les observations et les découvertes que vous avez faittes, sur une matière aussi intéressante pour le bien de l'humanité que celle à laquelle vous vous êtes adonné, n'ont point laissé balancer les suffrages de votre admission. Je suis charmé que cette circonstance me procure l'occasion de vous assurer personnellement des sentimens d'es-

time et de la considération très-distinguée avec lesquels j'ai l'honneur d'être , etc.

Pezant , secrétaire de l'Académie (1).
Villefranche en Beaujollais ; six avril 1769.

Une seule lettre pour 1770 ; elle est de M. Clomme , médecin consultant du roi. Nous au-

(1) Nous devons la communication de la Notice suivante à notre savant collaborateur M. Pericaud l'aîné , aux lumières de qui nous aurons plus d'une fois recours dans la suite de nos commentaires sur les pièces qui nous occupent.

« L'académie royale des Sciences , Belles-Lettres et Arts de Villefranche a été érigée par lettres patentes de 1695. Celle de Lyon ne date que de 1700.

» L'académie de Villefranche avait pour protecteur le duc d'Orléans.

» Jean-François Pezant fut longtemps secrétaire de cette Compagnie. Né à Villefranche en 1718 , il alla y fixer sa résidence , immédiatement après s'être fait graduer , et y acquit plus de réputation que de fortune. Il fit la gloire et l'ornement du barreau de cette ville , non seulement par son éloquence , mais encore par le désintéressement qu'il apporta dans l'exercice de sa profession. Jurisconsulte non moins habile qu'avocat distingué , on venait de toute part le consulter. Il n'y avait pas une cause importante dans le département sur laquelle on ne voulût d'abord avoir son avis ; son nom se trouve encore dans une multitude de consultations imprimées , à côté des noms les plus célèbres. Il ne s'attacha pas seulement à la science du droit ; il s'adonna encore à la poésie avec succès ; mais ses productions , comme poète , ont disparu par l'infidélité d'une personne à qui il

rons des années pour lesquelles il ne nous sera
rien offert. Combien donc de pertes regrettables y a-t-il eu dans ces deux cartons que nous
avons là , où nous remarquons qu'il manque
tant de feuillets ! Sont-ce des larcins , des in-
fidélités qui ont dissipé ces documents historiques? Il ne nous appartient pas d'écarter le
voile qui nous dérobe la vérité à cet égard. Et
les brillants précieux donnés par l'impératrice
Marie-Thérèse , que sont-ils devenus? Et tant
d'autres objets d'art venus de source royale ou
de mains amies et reconnaissantes, où les re-
trouverions-nous maintenant?

Laissons à la tombe ses secrets et consolons-
nous par le peu qui reste , avec M. Nicod de
Combe-Blanche et les autres petits-fils de l'Oculiste, de soustractions ou d'aliénations bien cou_
pables. Disons seulement à ceux qui possèdent
de semblables reliques, qu'ils doivent vivre et

les avait confiées peu de moments avant sa mort. En ju-
geant de leur mérite par les applaudissements dont il
était couvert, chaque fois qu'il venait en lire quelques
fragments, à l'académie de Villefranche , qui se compo-
sait des littérateurs les plus remarquables , tant de ce
département que des départements circonvoisins , on
peut assurer que le public a fait une véritable perte , si
elles étaient destinées à voir le jour. Il termina sa carrière le premier floréal an neuf (21 avril 1801), à l'âge
de 82 ans et demi , généralement honoré et regretté
de tous ceux qui l'avaient connu. La bibliothèque de la
ville de Lyon possède plusieurs mémoires imprimés de
ce jurisconsulte. »

mourir avec ces reliques, et les transmettre avec de vives recommandations à ceux qu'ils aiment ici-bas et qui demeurent après eux.

Voici la lettre du médecin consultant de Louis XVI ; elle nous initie à la réputation spontanée que le génie de Janin conquit sur les hommes supérieurs qui le virent à l'œuvre.

VI.

Arles, 25 septembre 1770.

J'ai été témoin, comme vous le sçavez, Monsieur, de la cure que vous avez faite à madame de Freminville, thrésorière de la maison des Invalides, à Paris; je conçus alors le dessein de vous en présenter une seconde pour laquelle je m'intéresse tout autant ; et comme je m'étais proposé de faire un voyage à Arles, j'avais renvoyé l'exécution de ce projet à ce *tems*. Je viens donc aujourd'hui vous prier d'examiner les mémoires ci-joints, et de me dire d'après eux, si vous trouvez nécessaire que la malade parte pour Lyon, ou si vous prefférez faire le voyage d'Arles. J'attends tout de vos lumières; elles ont fait naître en moi les plus grandes espérances pour la guérison de la malade que j'ai l'honeur de vous présenter. Je suis avec une considération distinguée, Monsieur, votre très-humble et très-obéissant serviteur.

CLOMME, méd. consult. du Roi.

Nous sommes réduits à deux noms pour l'année 1771 , celui de l'évêque de Châlons , et celui du chevalier d'Héricy , dont nous possédons quatre lettres. Voici la lettre du prélat (1) :

VII.

A Paris , le 29 janvier 1771.

Je suis sensible , Monsieur , aux sentimens que vous me témoignez à l'occasion du renouvellement de l'année.. Recevez-en tous mes remerciments , et soyez bien persuadé , je vous prie , que personne ne désire plus que moi tout ce qui peut contribuer à votre bonheur.

Je suis très-parfaitement, Monsieur , votre très-humble et très-obéissant serviteur.

† A^te E. L. év. C. de Châlons.

(1) Louis-Henri de Rochefort d'Ailly , né dans le diocèse du Puy , en 1710 , était fils de Pierre de Rochefort d'Ailly , baron de Saint-Vidal, et de Thérèse de Vogué. Il fut d'abord chanoine du chapitre noble de Brioude, ensuite de celui de Saint-Claude. Le Roi le nomma à l'évêché de Châlons-sur-Saône en 1753 ; il fut sacré le 18 avril 1754. Il se distingua par la pureté de ses mœurs et par sa charité. Il fut l'élu du clergé des états de Bourgogne , depuis 1769 jusqu'à sa mort arrivée à Dijon peu de temps après la clôture des Etats , le 13 juin 1772. Son oraison funèbre fut prononcée par l'abbé Berard , chanoine de Saint-Vincent de Châlons, le 18 août de la même année ., et imprimée à Châlons.

Le chevalier d'Héricy était un officier supérieur de cavalerie , qui avait son importance à la cour et surtout au Palais-Royal,encore rempli du souvenir de ce petit-fils du Régent, qui fut à la fois brave guerrier , ami des pauvres et digne parent du roi, mais qui eut le malheur d'être le père d'Egalité. Ce dernier ne s'était pourtant pas encore érigé en conspirateur , et Adelaïde de Bourbon, sa femme , brillait dans ce palais plus tard déshonoré,par la vertu dont elle avait hérité de son père , le duc de Penthièvre.

Le chevalier, guéri d'une maladie grave par Janin , lui prodigue les plus tendres félicitations. Un échange assez actif de lettres parait avoir existé entre les deux correspondants,et cependant il faut aller de 1771 à dix ans plus tard , pour retrouver la signature de M. d'Héricy.

VIII.

Valogne, ce 26 juillet 1781.

J'ai vu et admiré Mme la marquise Ste-Suzanne , mon cher docteur ; l'opération que vous lui avez faite a complettement réussi et tient du prodige. Cette dame intéressante est belle comme le beau jour et vous lui avez rendu toute sa beauté et son éclat. Je ne puis vous dire à quel point elle est contente, et vous rend sa vive reconnaissance. Elle ne tarit point sur votre compte, sur vos talents, votre bon cœur, votre intérêt, vos soins, vos attentions et celles de Mme Janin. Tout ce qu'elle m'a dit ne m'a pas paru nouveau. Je connaissais par expérience toutes vos bonnes qualités, mon cher docteur, et j'en conserverai toute ma vie le plus précieux souvenir. *Cette nouvelle et admirable opération a été admirée au Palais-Royal,* et Mme la duchesse de Chartres veut vous envoyer une dame à laquelle elle s'intéresse. Je désire fort que cette opération ait toute la célébrité qu'elle mérite et qu'elle vous procure la grâce que vous souhaitez et que vous méritez à si justes titres. Recevez, mon cher docteur, les compliments sans nombre de mes frères. Dites mille choses pour moi à Mme Janin, et soyez toujours bien persuadé du sincère attachement que je vous ai voué pour la vie.

Le Chevalier d'Héricy.

L'avant-dernière lettre du chevalier est de 1786 ; après des considérations sur les ouvrages de Janin, nous remarquons ce passage :

« Les différentes lettres que vous avez reçues *des rois* et princes de l'Europe doivent vous dédommager et consoler des peines et des contradictions que vous avez éprouvées dans votre patrie ; vous devez continuer à travailler pour le bonheur des hommes, et ne pas vous laisser abattre par des revers momentanés. Hélas ! que serais-je devenu si vous aviez cédé aux conseils timides que l'on vous donnait, lorsque vous me traitiez? Plus il y avait d'obstacles à ma guérison , plus vous vous opiniâtriez à les détruire ; vous y êtes parvenu, et les chirurgiens et oculistes ont été forcés de recon naître votre hâbileté. Enfin, mon cher docteur, je vous dois tout , puisque je vous dois la vie et la vue…. »

La dernière lettre est relative à deux demandes de musulmane , étoffe de Lyon, que le chevalier avait faites à son ami.

Nous ne saurions négliger de mentionner , une particularité honorable de la vie de Janin, dans cette année 1771 ; c'est un *Extrait des Registres des actes et délibérations consulaires de la ville de Lyon* , en date du 18 septembre de la même année, et d'après lequel , les Prévôt des marchands et Echevins autorisent M. Janin à « donner des leçons publiques et gratuites des opérations et manière de traiter les maladies des yeux ;…. applaudissant au zèle du sieur Janin, » dont le « projet ne peut qu'être très-utile au public , » etc.

Arrivé à 1772 , nous ne rencontrons plus la meme disette , et bien qu'il puisse manquer bien des pièces à la collection de cette année, on s'en aperçoit moins à cause du nombre qui n'a pas été soustrait. Janin publiait alors comme nous l'avons indiqué , le plus capital de ses écrits ; sa réputation montait à son apogée; et c'est là l'explication de l'abondance qui nous reste.

Le 21 janvier, le duc de Lavrillière félicite , de Versailles, le chirurgien, sur le livre qu'il a reçu et lu avec intérêt. « Je serois fort aise , lui dit-il en terminant , de pouvoir trouver des occasions de vous rendre service. »

La lettre qui suit est de Bourgelat , un des lyonnais dignes de mémoire. Dans ces lignes on est touché de la modestie autant que de l'urbanité du savant et de l'homme de progrès.

IX.

Paris le 26 février 1772.

Je reçois avec une véritable reconnaissance, Monsieur, l'ouvrage que vous me faites l'honneur de m'envoyer. Ce présent me flatte d'autant plus qu'il me prouve que vous faites quelque cas de mon zèle. Je n'aurai garde de m'ériger en juge de cet écrit : mes foibles lumières me mettront seulement à portée de le lire et de le comprendre , et j'y puiseray sûrement des instructions. Telles sont , Monsieur, mes dispositions en l'acceptant. J'y joins les assurances de ma sensibilité et de tous les sentiments avec lesquels , etc.

BOURGELAT (1).

(1) Claude Bourgelat , né à Lyon vers 1712 et mort en 1779 , avait doté sa ville natale , depuis 1761 , d'une école pour le traitement des maladies des animaux

Nous avons trois lettres de M. Leroy, professeur à la Faculté de Médecine de Montpellier. La première est toute de courtoisie à propos de la réception des *Mémoires* de Janin. La troisième exprime les plus grands regrets de ne pas posséder un seul exemplaire de ses *Mélanges*, qu'il aurait voulu envoyer à son confrère par « M. Rambaud, négociant de Lion, à son retour des bains de Balaruc. » La seconde de ces lettres intéressant directement la science, la voici dans son intégrité :

domestiques : là commence la médecine vétérinaire qui a pris dans la suite un si prodigieux développement. Bourgelat avait d'abord suivi la carrière du barreau ; mais les chevaux qu'il aimait avec passion et l'équitation qu'il avait profondément étudiée, le ravirent à sa profession : ayant reçu une allocation provisoire de 8,363 livres, son établissement fut ouvert le premier janvier 1762, au faubourg de la Guillotière. Il obtint tout d'abord de l'importance, et, en 1784, il reçut le nom d'Ecole royale vétérinaire. Il y eut pour débuter deux professeurs. Bourgelat, avec l'appui du gouvernement, fonda aussi au château d'Alfort, en 1766, une école nouvelle où il conduisit les plus distingués de ses élèves. C'est une célébrité nationale et un des hommes les plus utiles. On a de lui : *Elémens d'hippiatrique*, 1750; *Le nouveau Newcastle, ou traité de cavalerie*, 1747; *Matière médicale raisonnée à l'usage des écoles vétérinaires*, 1771; *Traité de la conformation extérieure du cheval, de sa beauté et de ses défauts, du choix des chevaux et des haras; Essais sur la Ferrure*.

X.

Ce n'est que depuis peu , Monsieur , que je jouis du loisir nécessaire pour lire avec réflexion les mémoires et observations sur l'œil et sur les maladies dont vous avez eu la bonté de me faire présent, et après les avoir lus avec autant de fruit que de plaisir , il est juste que je vous en réitère mes remerciments.

Oserois-je vous demander , Monsieur , des éclaircissements sur votre pratique dans l'hydropisie du sac lachrymal qui provient de l'obstruction du conduit nazal ? Il me paroit que dans ce cas, pour passer la mèche dans ce canal , vous avez recours à l'opération et que vous faites l'ouverture du sac. J'ai vu M. Mejan , en pareille occasion , passer le stilet ou aiguille d'argent par le point lachrymal supérieur dans le conduit nazal , et introduire la mèche de cette manière ; l'aiguille retirée par le nez traînant un long fil au moien duquel on introduit la méche. Je conçois qu'il y a sans doute des cas d'obstruction du canal nazal, dans lesquelles il seroit difficile d'introduire la mèche de cette manière. Mais je désirerais savoir pourquoi vous n'en parlez pas , et pourquoi vous paraissez ne la pratiquer jamais.

Je suis , etc.

LEROY.

M. Mejan a abandonné l'opération de la ca-

taracte par extraction. Il y a déjà plusieurs
années qu'il a repris l'ancienne méthode. —

Ici se placent plusieurs lettres de M. Pichault
Lamartinière , premier chirurgien du roi ,
président de l'Académie royale de Chirurgie.
Honorables pour Janin, ces lettres ne renferment pour le public qu'un intérêt relatif , ce
qui nous les fait omettre.

M. Hévin , célèbre chirurgien du siècle passé , correspondait avec Janin. Nous laisserons
là plusieurs lettres de l'éminent professeur, lesquelles , quoique remarquables, ne sortent pas
des généralités qui nous sont connues déjà
quant aux éloges prodigués à notre oculiste.
Mais il en est une qui , soit par les allusions
qu'elle fait au travaux de son auteur , soit pour
ce qu'elle signale à propos de l'académicien
Thomas , dont le nom viendra dans ces pages
en son temps , nous a paru avoir son importance. La première lettre de M. Hévin est du
9 mars 1772 , la dernière du 8 janvier 1788 ,
environ deux ans avant sa mort.

XI.

Versailles 29 octobre 1785.

Je suis bien flatté , Monsieur, de tout ce
que vous voulez bien me dire d'obligeant sur
mon ouvrage : cela est d'autant plus flatteur
pour moi , que vous êtes plus en état qu'un
autre d'apprécier les ouvrages de notre art. J'ai

cherché surtout, comme vous l'observez vous-
même, à y mettre de l'ordre et de la clarté,
afin de le rendre plus utile aux élèves pour lesquels il a été fait. Quant au portrait, c'est le
présent de l'amitié, et j'en ai eu toute la sur-
prise, en ouvrant le premier exemplaire qui
me fut présenté par le libraire. Il a été un peu
maculé dans le brochage et la reliure ; mais
si je trouve quelque occasion favorable, je
vous en enverray un qui n'aura pas souffert de
cette altération.

Notre ami M. Thomas a été vivement regretté ici ; je le plains d'autant plus que j'apprends de vous qu'il a été la victime d'une
bévue de son médecin. Il vivrait encore s'il se
fût confié seulement à vous, qui avez bien
connu sa maladie ; mais il a fallu mourir dans
les formes. Je vous ai annoncé dans ma précé-
dente lettre que Madame Heurtin m'avait
fait dire que les cent exemplaires de l'épître
de M. Thomas avoient été arrêtés et portés à
la chambre syndicale et oncques depuis je n'ai
entendu parler ni de l'épître ni de Mme Heurtin. J'en ai été d'autant plus fâché que je
l'avais annoncée à l'académie de chirurgie ;
peut-être me viendra-t-elle quelques jours, et
alors je la distribuerai suivant destination.
J'ai appris aujourd'hui qu'il y en avait chez
M. Pourat, banquier, place des Victoires, qui
en donnoit à tous ses amis et connaissances
ainsi que de votre dernière lettre. Je vois

qu'il a été plus heureux que moi dans l'envoi qui lui a été fait.

Je verrai avec le plus grand plaisir votre réplique à M. Hallé (1) et tout ce dont vous vous proposez de la faire suivre. Il y a tout lieu d'espérer qu'enfin le gouvernement ouvrira les yeux sur la réalité de votre découverte, et se verra forcé de vous décerner les récompenses et les honneurs qui vous sont

(1) Hallé (Jean-Noël), habile médecin, naquit à Paris le 6 janvier 1754 , d'une famille qui avait déjà fourni des artistes et des jurisconsultes. Il reçut le bonnet de docteur en 1778. Dès 1776 , il professa à la Faculté royale de médecine et fut bientôt après élu membre de la Société royale de médecine, où il se signala par d'utiles travaux. Lors de la révolution, ses principes de royaliste et de chrétien le forcèrent à quitter l'enseignement. Il devint, après 1795, professeur de physique médicale et d'hygiène à l'Ecole de Santé, et en 1804, il remplaça M. Corvisart dans la chaire de médecine au Collége de France. Il était médecin ordinaire de Napoléon. En 1815, il fut nommé médecin de M. le comte d'Artois. En 1820, il fut membre titulaire de l'académie royale de médecine, ensuite président de la même compagnie. Louis XVIII le décora de l'ordre de St-Michel. Tourmenté depuis plusieurs mois par des graviers, il voulut, malgré l'avis de M. Dubois, subir l'opération, et il succomba le 11 février 1829, à l'âge de 68 ans. Ses obsèques furent brillantes. On l'a nommé le créateur de l'art d'enseigner l'hygiène. Parmi ses nombreux ouvrages on compte *Recherches sur la nature et les effets du méphitisme,* etc., où il ne s'accordait pas avec Janin.

dûs. Tant de témoignages rassemblés de son utilité dans le royaume et dans le pays étranger, doivent frapper vos adversaires et leur porter un coup funeste, eux dont vous découvrez si clairement le manége et la mauvaise foi, en empruntant leurs ouvrages mêmes pour les combattre. Mais malheureusement on ne lit pas, on s'en tient aux premiers jugements qui ont été portés, ou on ne veut pas se défaire des préventions qu'on a adoptées. Ce qui pourtant devrait dessiller les yeux , c'est le silence absolu de vos ennemis et surtout du s^r. Cadet qui ne veut pas entrer dans la lice. Il est bien étonnant qu'on n'y fasse aucune réflexion. Espérons mieux pour l'avenir.

Je suis pénétré des offres de services que vous me faites et j'en suis très-reconnaissant. Je vous prie de croire, etc.

HÉVIN (1).

Plus de quinze signatures nous seront eu-

(1) Hévin (Prudent), célèbre chirurgien, né à Paris le 19 janvier 1715, professa avec distinction la thérapeutique aux écoles de chirurgie, et mourut le 3 décembre 1789. On a de lui : *Un cours de pathologie et de thérapeutique chirurgicale*, qu'il rédigea sur les manuscrits de Simon , son confrère et son ami , dont ce dernier donna une 3e édition en 1793, 2 vol. in-8º, avec des augmentations considérables ; plusieurs *Mémoires* rédigés avec beaucoup de méthode, insérés pour la plupart dans la collection des *Mémoires de l'Académie royale de chirurgie.*

core données pour 1772 ; de ce nombre sont: le duc de Fleury , le prince de Beauveau , Buffon, Cabanis , Portal, le duc de Soubise.

Les lignes que voici sont écrites de Rome, par le cardinal de Bernis, alors ambassadeur de France auprès de Pie VI.

XII.

A Rome, ce 12 mars 1772.

Le Pape , Monsieur, a reçu avec bonté et intérêt votre livre. C'est avec plaisir que je vous fais part de l'estime que Sa Sainteté m'a témoignée pour vous, et je vous assure de la distinction des sentiments avec lesquels, Monsieur, je vous suis parfaitement dévoué.

Le cardinal de BERNIS (1).

(1) D'aucuns se demanderont peut-être si nous n'aurons pas quelque embarras pour consacrer une note à l'Eminence qui commença sa fortune par de petits vers et de petits soupers. Est-ce que la vérité fit jamais reculer ceux qui l'aiment ?

Bernis (François-Joachim de Pierres de) naquit le 22 mai 1715, à Saint Marcel de l'Ardèche. Destiné à l'état ecclésiastique, il fut d'abord nommé chanoine de Brioude; ensuite chanoine-comte de Lyon; mais il n'avait que le titre de ce dernier canonicat, sans le revenu. Il vivait à Paris, au séminaire de Saint-Sulpice, d'une pension de 1500 francs que lui faisait sa famille. Le cardinal de Fleury, à cause de sa vie dissipée, lui refusa obstinément toute espèce de bénéfice. C'est alors qu'ayant écrit à Mme

Un certain nombre des lettres reçues par
Janin, des personnages éminents de son temps,

de Pompadour une pièce de vers connue sous le nom de
petits trous, la marquise le pria à diner. On sait que,
lié avec l'abbé de Montazet, comme lui peu fortuné ; ils
n'avaient qu'une seule culotte de bonne mise, que chacun des deux amis portait lorsqu'il sortait, l'autre gar-
dant la chambre. Bernis ayant-demandé à se retirer immédiatement après le diner de la favorite, celle-ci voulut
savoir la cause de cette retraite si précipitée ; l'aveu de
la culotte commune fut fait, et le surlendemain un bre-
vet de mille écus de pension fut expédié à chacun des
deux amis, dont l'un devait obtenir la barrette rouge,
l'autre l'archevêché de Lyon, où l'on sait qu'à une bonne
administration diocésaine, il joignit le mérite d'aimer les
lettres et d'accueillir chez lui les écrivains.

L'abbé de Bernis, après la mort du cardinal de Fleury,
obtint l'ambassade de Venise, où il se fit estimer. A son
retour à Versailles, Louis XV le nomma membre du Conseil et le chargea de l'importante négociation qui avait
pour but de former une alliance entre la France et l'Autriche. Quoique ce ne fût point son avis, il entreprit
cette négociation et fit admettre le plan le plus intelli-
gent dans cette circonstance. Le portefeuille des affaires
étrangères et le chapeau cardinalice furent le prix de
sa réussite. Cependant cette alliance ayant eu des suites
funestes, on lui en imputa à tort tous les désastres.
Ayant voulu conclure la paix, contre l'avis de sa protec-
trice, cette tache au blason de la royauté qui s'appela
Pompadour, il fut exilé à Soissons. Cette disgrâce, qui
prouve son patriotisme, dura jusqu'en 1764, où il fût
rappelé, et promu à l'archiépiscopat d'Alby. L'habileté
qu'il déploya dans le conclave de 1769, lui valut l'am-

n'énoncent pas toujours des faits historiques
et semblent n'être que des monuments de famille pour les descendants de leur premier
possesseur ; mais en réfléchissant sur leur
forme, on y reconnait un fond qui intéresse et
qui fait entrevoir plus que les paroles ne semblent d'abord renfermer : ainsi cette formule :
Je vous suis parfaitement dévoué , sous la
plume du cardinal de Bernis , révèle des rap-

bassade de Rome. Il reçut alors le titre de protecteur des
églises de France. Il pesa fortement dans l'élection successive de trois papes. En 1791, les tantes de Louis XVI
ayant quitté la France, il les reçut chez lui avec tous les
honneurs dûs à leur rang. Ayant refusé le serment, il
fut dépouillé de son archevêché, de ses abbayes, et per-
dit ainsi 400,000 francs de rente. Réduit à une sorte de
dénûment, le chevalier d'Azara obtint pour lui de la cour
d'Espagne, une pension de 60,000 livres. Il mourut à
Rome, le 2 novembre 1794, à l'âge de 79 ans , aimé des
Romains et des étrangers pour sa douceur, sa générosité,
sa politesse. Les poésies légères qu'il a écrites dans sa
jeunesse sont une flétrissure pour sa mémoire , et ne
méritaient sous aucun rapport le fauteuil académique
qu'elles obtinrent pour leur auteur. Il a racheté autant
qu'il était en lui le scandale de ces productions, par son
poème de *la Religion vengée* , œuvre posthume dont
le style est parfois remarquable et les pensées toujours
dignes sinon toujours belles et neuves. Le cardinal de
Bernis n'a pas été un grand homme ; mais il a bien
rempli d'honorables missions; il a aimé son pays, et la
légèreté de sa jeunesse a été réparée par la gravité de son
âge mûr et de sa vieillesse.

ports excellents entre les deux correspondants. Elle est aussi, comme la lettre entière, un témoignage des manières polies du cardinal.

Les mêmes réflexions s'appliquent à ce billet du duc de Fleury :

A Versailles, ce 13 mars 1772.

XIII.

Je viens d'avoir l'honneur de remettre au Roy, Monsieur, l'exemplaire de votre ouvrage. Je vous remercie de celui que vous m'avez adressé. Je le lirai avec le plus grand plaisir. Ne doutez pas, Monsieur, de l'estime et de la considération que j'ai pour vous.

Le Duc de FLEURY (1).

(1) Ce personnage, de la maison du cardinal-ministre de ce nom, était attaché à la maison de Louis XVI. Cette famille fut violemment atteinte par la tourmente révolutionnaire. Un de ses jeunes héritiers, âgé de 23 ans, arrêté comme suspect en 1793, fut enfermé dans la prison du Luxembourg, où il conserva sa gaîté naturelle, et passait la journée à jouer à la balle et aux barres; mais ayant vu périr ou proscrire les siens, le désespoir s'empara de lui, et il écrivit à Dumas, président du tribunal terroriste, une lettre ainsi conçue : Homme de sang ! égorgeur ! cannibale ! monstre ! scélérat ! tu as fait périr ma famille, tu vas envoyer à l'échafaud ceux qui paraissent aujourd'hui à ton tribunal ; tu peux me faire subir le même sort, car je te déclare que je partage leurs sentiments. » « Voilà le billet doux qu'on m'écrit, dit Dumas à Fouquier-Tainville, dis-moi ce qu'il faut y répondre. » — « Ce Monsieur paraît

Les hommes spéciaux accueilleront avec l'empressement qui leur est dû , deux lettres renfermant des réflexions scientifiques d'un de leurs devanciers, le célèbre Portal :

XIV.

Je vois bien , Monsieur , que votre livre n'a pas été fait à la haite ; les observations suivies et nombreuses qu'il contient, les sages et instructives re/flexions que vous y faites, prouvent et votre zèle et votre savoir en fait de toutes les maladies des yeux. J'ai lu votre ouvrage d'un bout à l'autre et je vous assure que j'en suis très-satisfait. Cette méthode de tout prouver par l'observation et que vous suivez, est unique et faite pour servir de modèle à tous ceux qui voudront écrire sur ces matières. Les distinctions des cataractes que vous établissez sont lumineuses ; je vois avec plaisir que vous ne craignez pas de porter le fer dans l'humeur vitrée pour la dégager ; que vous savez percer l'iris... (1) et frayer une

pressé, répondit Fouquier , il faut le satisfaire. » — Aussitôt deux gendarmes vont prendre le jeune comte, le placent sur le banc des accusés, et il est condamné à mort avec cinquante autres personnes qu'il n'avait jamais vues, le 18 juin 1794, *comme complice de l'assassinat de Collot-d'Herbois.* Il fut conduit à l'échafaud le même jour, habillé ainsi que ses compagnons d'une chemise rouge.

(1) Epithète illisible.

nouvelle cavité à la lumière ; que vous établissez des différences dans le cours des fistules lachrymales que l'on confondait, au grand préjudice de l'art. J'ai eu occasion de voir deux exemples de fistules par éréthisme du conduit lachrymal, et je suis persuadé qu'il n'y a pas de praticien qui n'ait pu observer la prétendue fistule dont vous parlez et qui est produite par la résorption de la chassie; mais la force des préjugés et des mauvais principes détourne souvent nos regards des objets les plus simples et les plus faciles à apercevoir. J'attendrai impatiemment votre *Essai sur la vision.*

Je suis, etc.

PORTAL (1).
Paris, ce 15 mars 1772.

(1) Portal (Antoine), premier médecin de Louis XVIII et de Charles X , membre de l'académie royale des Sciences, de l'Institut, et de la plupart des académies de médecine et des sciences de l'Europe, commandant de la légion-d'honneur, chevalier de Saint-Michel , naquit à Gaillac (Tarn) le 5 janvier 1742, d'une famille qui a produit un grand nombre d'hommes distingués. Après avoir étudié la médecine à Montpellier, où il fut reçu docteur, Portal mérita, à l'âge de 20 ans, d'être nommé correspondant de l'académie des sciences de cette ville, et il y professa l'anatomie et la physiologie. Il vint à Paris en 1765, et s'y fit bientôt connaître par des écrits importants et par son habileté dans la pratique de la médecine. En même temps il étudia la chirurgie, et ne tarda pas à être associé aux travaux scientifiques et

XV.

M. le Contrôleur-Général, Monsieur, vient de faire réimprimer un de mes ouvrages

littéraires de Sénac et de Lieutaud. Le premier , qui était premier médecin de Louis XV, le choisit pour donner une édition de son *Traité sur la structure du cœur*. Portal se vit bientôt recherché et consulté par les personnages les plus élevés en dignité, et obtint l'amitié de Franklin, de Buffon, de d'Alembert. En 1769, quatre ans après son arrivée à Paris, il fut reçu membre de l'académie des Sciences, où il succéda à Ferrein ; il siégea à côté de Lagrange, de Laplace, de Bailly, etc., et fut nommé, à peu près à la même époque, professeur d'anatomie au Collége de France. En 1777 , il dut à l'amitié de Buffon la place de professeur-administrateur d'anatomie humaine au Jardin des Plantes. Portal était devenu un des médecins les plus célèbres de France , et jamais professeur n'a enseigné plus longtemps et avec plus de dévoûment. Ses nombreux et importants ouvrages ont obtenu le plus grand succès dans sa patrie et à l'étranger, et ont été traduits dans presque toutes les langues de l'Europe.

La *Biographie Universelle* de Feller , à laquelle nous empruntons cette notice, énumère ici les ouvrages de Portal.

Portal fut nommé, en 1815, membre de la commission chargée de rendre compte au roi de l'état de l'enseignement dans les écoles de médecine et de chirurgie. Louis XVIII le nomma président perpétuel de la Société royale de médecine, à la création de laquelle il avait beaucoup contribué en 1820. Portal resta étranger à tous les actes de la révolution : il avait deux frères prêtres , dont l'un pour l'envoyer à MM. les Intendants de province. Cet ouvrage, dont j'ai l'honneur de vous adresser un exemplaire, a pour objet le traitement des personnes suffoquées par des vapeurs méphitiques, les noyés et les enfants qui paraissent morts en naissant et qu'on peut appeler à la vie. Mais comme dans l'administration du traitement recommandé j'ai besoin des lumières et des secours de quelques-uns des gens de l'art, je n'ai pas craint de vous prier de vouloir bien prendre quelque intérêt à mon travail. Je vous serais très-obligé de m'instruire des cas relatifs qui pourront se présenter dans votre ville et dans les environs. M. le Contrôleur-Général se propose de faire accorder des récompenses à tous ceux qui concourront au traitement des noyés et des personnes étouffées par des vapeurs méphitiques, et je désirerois publier tous les ans un recueil d'observations concernant les personnes qui auront été traitées par les moyens que j'ai conseillés, soit qu'ils aient réussi ou non. Vous savez qu'il faut connaître les bons et les mauvais effets d'une méthode pour la

fut nommé chanoine de Notre-Dame en 1806, et l'on assure que lui-même pratiquait les devoirs religieux. Cet illustre médecin est mort à 90 ans, le 25 juillet 1832, des suites d'une maladie calculeuse chronique : quatre autres célèbres professeurs du Collége de France , MM. Champollion , Cuvier, Rémusat et Thurat, succombèrent cette même année.

perfectionner. Je la soumets à votre expérience.
Je suis, etc.

PORTAL.

Si vous avez quelque réponse à me faire,
des observations et des remarques à me communiquer , vous voudrez bien me les faire
parvenir sous l'enveloppe et sous l'adresse de
M. Turgot (1), contrôleur-général des finances.

A Paris, ce 15 octobre 1775.

(1) Turgot (Anne-Robert-Jacques), ministre de Louis
XVI. Il naquit à Paris le 10 mai 1727. Il fit ses études
à Saint-Sulpice; mais sa vocation se démentit assez tôt.
Il montra en divers écrits une versatilité prononcée entre
la vérité religieuse et les aberrations philosophistes. Il
se lia avec d'Alembert et fournit différents articles au
Dictionnaire des Encyclopédistes. Il écrivit, de concert
avec Brienne, *Les lettres à un magistrat,* où il cherche
à établir qu'aucune religion n'a le droit d'être protégée
par l'Etat. Il se rendit à Ferney pour y voir Voltaire.
Ayant accompagné Gournay, intendant du commerce ,
dans plusieurs voyages, il s'appliqua à l'économie poli-
tique en suivant les principes de Quesnay. Nommé en
1761 à l'intendance de Limoges, il rendit des services à
cette province. Appelé au ministère de la marine en
1774, il fut élu contrôleur-général des finances un mois
après. Turgot y apporta beaucoup de plans et peu de
vues saines, des moyens insuffisants pour les affaires,
une imagination exaltée , et une philanthropie de système. Les philosophes se glorifièrent de son avènement
au pouvoir. « M. Turgot et moi, écrivait de Malesherbes,
étions de fort honnêtes gens, très-instruits , passionnés
pour le bien : qui aurait pensé qu'on ne pouvait pas

Ici figurent plusieurs lettres de félicitation d'hommes de mérite du temps, parmi lesquels: Montequart, Labardine, Ferrein, auquel Portal succéda dans sa chaire, Delilia, syndic du collége de Lyon, Bouvard et Demours, médecins réputés de Paris, etc.

A la date du 16 mars, l'ambassade de Portugal, à Paris, remercie Janin de son attention et lui annonce qu'elle fera parvenir à la cour de Lisbonne son savant ouvrage.

A la date sus-indiquée, l'ambassadeur de Sardaigne, écrit également à Janin pour le même objet.

mieux faire que de nous choisir? Cependant nous avons mal administré; ne connaissant les hommes que par les livres, manquant d'habileté pour les affaires, nous avons laissé diriger le roi par M. de Maurepas, qui ajoute toute sa faiblesse à celle de son élève; et, *sans le vouloir ni le prévoir, nous avons contribué à la révolution.*» D'excellents esprits jugèrent plus sévèrement Turgot, dont les innovations étaient blâmables, et une chanson dans laquelle on raillait son système, se rencontra être une prophétie. En méditant trop de réformes, il donna à la nation le désir de tout bouleverser. Ses ouvrages présentent les idées les plus contradictoires, comme cela se rencontre chez tous les utopistes. Il fut renvoyé du ministère en mai 1776. Il s'éteignit de la goutte le 20 mars 1781, à l'âge de 54 ans, sans le secours de la religion, que ses amis semblent avoir pris soin d'écarter de son chevet de mort.

XV.

« Je ne trouve rien de plus louable de votre part, est-il dit dans ces lignes, que l'intention où vous êtes de faire part au public du fruit de vos expériences , et le désir que vous avez de les communiquer aux nations étrangères en faisant parvenir à leurs souverains l'ouvrage qui les contient. Comme pour ce qui regarde l'envoi que vous avez dessein d'en faire d'un exemplaire au Roi, mon maître , vous avez sur les lieux mêmes M. Gay , son agent, par le canal duquel il parviendra tout aussi sûrement et beaucoup plus promptement que par le mien....

Cte de la MARMORA.

Voici encore une lettre importante pour l'histoire de la science chirurgicale, et que pour cette raison nous insérons, malgré sa longueur :

XVI.

Masseube, le 29 mai 1772.

Ayant lu , Monsieur , dans la *Gazette salutaire* , la lettre où vous annoncez que vous avez trouvé un nouveau moyen d'électriser l'œil, et que vous avez obtenu par ce secours plusieurs guérisons de la goutte sereine , qu'on avait regardée jusqu'ici comme incurable , je me suis empressé d'en donner avis à M. le chevalier de Larbourt, qui est atteint de cette maladie , quoique d'une manière imparfaite. Il

est âgé d'environ 35 ans ; il est d'un tempéra-
ment fort et robuste. Il fut affligé , dans le
printemps de 1757 , dans la rade de Louis-
bourg, d'une fièvre putride et maligne, accom-
pagnée d'un grand délire et d'autrés symp-
tômes graves, ce qui le rendit sourd et aveugle.
Dans la convalescence de cetté maladie, qui
traîna en longueur , il recouvra l'usage de
l'ouïe, mais non celui de la vue. Il n'obtint
que quelques légères lueurs. Ayant repassé en
France, sur la fin de la même année, il con-
sulta feu M. Sénac, premier médecin du Roi,
M. Lieutaud, médecin des enfants de France,
et M. Lamartinière, premier médecin chirurgien de Sa Majesté. Ces messieurs caractéri-
sèrent la maladie en question d'une goutte
sereine imparfaite. Ils lui firent administrer la
saignée du pied, l'émétique , les vésicatoires
et plusieurs autres remèdes, sans aucun succès.
Le malade resta ensuite quelque temps entre
les mains de M. de Saint-Yves, oculiste de la
capitale. On l'envoya aux eaux de Barèges, où
il prit avec peu de fruit des douches sur la
nuque et sur les yeux. Ces douches lui ôtèrent
même pour quelque temps le peu de lueurs qui
lui restaient. Il a pratiqué depuis successivement un long usage de l'extrait de ciguë , et
nombre de remèdes prescrits non seulement
par des gens de l'art, mais encore par des em-
piriques et des femmelettes. Ils ne paroissent
as avoir donné atteinte à son bon tempéra-

ment; mais ils ne lui ont presque rien fait ga-
guer pour la vision. Ses yeux ont la plus belle
apparence; leurs muscles se prètent à tous les
mouvements. Les prunelles sont transparentes.
L'iris jouit de son ressort, de ses dilatations
et resserrements alternatifs. L'œil droit n'a
presque plus de vue; le gauche jouit de quelques lueurs qui lui donnent la faculté de se conduire imparfaitement, et même de distinguer
les cartes à jouer. Ce qu'il y a de plus singulier,
c'est que le malade ayant été réveillé inopiné-
ment, à Rochefort, par le son des tambours, se
leva en sursaut, et vit les objets distinctement
pendant quelques minutes. Une autre fois, étant
épouvanté par un rêve effrayant, il se leva
subitement, et dans les efforts qu'il fit dans ces
instants, il recouvra une vision momentanée.
Une troisième fois, par les secousses et les com-
motions d'une chute violente, il jouit du privilége de quelques moments de vue. Toutes ces
circonstances m'avoient fait présumer que les
filières insensibles du nerf optique n'étoient
pas entièrement oblitérées, et qu'elles pour-
roient être désobstruées par la continuation
d'un moyen équivalent à ces causes passa-
gères, qui avaient reproduit l'usage momen-
tané de la lumière. Je m'étois flatté qu'on
pourroit le trouver dans l'électrisation, et je
l'avois proposée avec confiance. J'avais persuadé le malade et les personnes dont il dé-
pend. Mais ces idées, contrariées par des mai-

tres dans l'art de guérir dont je ne veux pas soupçonner les motifs, avoient été rejetées jusqu'ici. L'assertion de votre guérison a ranimé mon zèle pour le malade, et l'a convaincu, ainsi que M. le vicomte de Larbourt, son père, de la solidité des moyens que j'avais proposés. Ils me demandent, Monsieur, d'avoir l'honneur de vous écrire, pour vous présenter ce tableau abrégé de l'état de.M. le chevalier, et de vous prier de vouloir me mander par un mot de réponse, ce que vous pensez de la maladie en question, et si vous croyez qu'il y ait lieu d'espérer de la guérir par le moyen de l'électricité. Dans ce cas, on prendroit des mesures pour faire remettre le malade auprès de vous, et à votre discrétion. La célébrité de vos lumières et de vos talents particuliers dans le traitement des maladies des yeux, nous inspirent la confiance la plus entière, et ne nous permettent pas d'en séparer la juste gratitude qui leur est dûe. Je me félicite, en mon propre, Monsieur, d'avoir trouvé cette occasion de vous consacrer les sentiments de la haute estime, etc.

CAMPARDON,

chir. major des Eaux et de l'Hôpital de Bagnères-de-Luchon, membre de l'Académie des Sciences de Toulouse.

Ces seuls mots, de la main de Janin, sur la lettre qui précède : « On a fait réponse à la présente, » est ce que nous savons de plus sur le chevalier de Larbourt. Fut-il conduit à Lyon ? fut-il au nombre de ceux à qui l'éminent oculiste rendit l'inappréciable usage de la vue ? Nous le présumons, sans donnée positive que nous puissions produire.

Sous la date du 26 mars 1772 et du 15 janvier 1774, nous avons deux lettres du duc d'Aiguillon, ministre de Louis XV. Ces lettres sont des félicitations pour Janin à qui le duc aime à répéter : « Personne ne vous honore, Monsieur, plus véritablement que moy.

Le prince de Beauveau (1) (1ᵉʳ avril), s'a-

(1) Beauveau (Charles-Just, prince de) était fils de Marc Beauveau, prince de Craon, gouverneur du duc François de Lorraine, depuis empereur d'Allemagne. Né à Lunéville, le 10 septembre 1720, il entra au service de France, et se distingua dès l'âge de 13 ans. Il en avait à peine 21 lorsqu'il obtint la croix de Saint-Louis, et de grade en grade il parvint à celui de lieutenant-général des armées. Il était d'un caractère bon et loyal. En 1777, il fut nommé commandant d'une des premières divisions militaires; gouverneur de la Provence, en 1783, et maréchal de France en 1782. Il se montra administrateur intègre et zélé pour l'honneur de l'armée. La Provence lui dut le rétablissement de ses Etats et la conservation de son académie, le perfectionnement de sa navigation, le bien-être de ses matelots et plusieurs monuments utiles. Le maréchal de Beauveau, non moins dévoué à son prince qu'à sa patrie, accompagna Louis XVI, en volontaire, dans sa marche pénible de Versailles à Paris, le 16 juillet 1789, prêt à le couvrir de son corps au

dresse de Versailles, avec les mêmes égards, au chirurgien ; le louant sur l'excellence du livre qui lui a été envoyé. « Je voudrais, ajoute-t-il, être à portée de vous procurer les récompenses qu'il mérite. »

Les lignes qui suivent sont de Buffon. Bien que le naturaliste ne nous y apprenne rien de particulier, il nous paraît bon de mettre au jour, une page de ce grand maître de style.

XVII.

« J'ai reçu, Monsieur, le livre que vous m'avez fait l'honneur de m'envoyer ; mais il ne m'a pas encore été possible de le lire. Je profiterai du premier moment dont je pourrai disposer pour m'en procurer le plaisir. Je ne doute pas, Monsieur, que je n'y trouve d'excellentes choses. J'en juge par la réputation et le mérite que je sais depuis longtemps que vous avez. Mon suffrage, Monsieur, n'ajouteroit certainement ni à l'un ni à l'autre, et je suis très certain que vous en avez moins besoin que personne.

J'ai l'honneur d'être, etc.

Buffon.

Montbard, 3 avril 1772.

moindre danger. Le roi, qui connaissait son dévoûment et ses lumières, l'appela dans ses conseils. Il y siégea pendant cinq mois, et l'on a répété plusieurs fois que « si ses avis avaient été suivis, beaucoup de malheurs auraient été évités. » Il est mort le 21 mai 1793. Il était de l'académie de la Crusca et de l'Académie Française.

Buffon était assez avare d'éloges ; ce qui donne à ceux qu'il accorde une valeur qu'il est juste de constater.

Cabanis, médecin distingué, alors à Genève, après d'excellentes paroles sur l'ouvrage de Janin, lui dit :

XVIII.

Je vous envoie, Monsieur, un jeune homme de notre ville pour recevoir vos avis sur une maladie à l'œil gauche, qui dure depuis longtemps. J'ai cru ne pouvoir pas mieux l'adresser qu'à un homme tel que vous, dont je connais la probité, et à qui le public et les gens de l'art sont obligés de rendre justice et de reconnaître les talents et les lumières. Je vous le recommande, Monsieur, et j'ai l'honneur, etc.

CABANIS.

Genève, 4ᵉ avril 1772.

Un personnage de la cour de Turin, M. Lascaris de Castellani, annonce à Janin, avec une extrême bienveillance (15 avril), « qu'il a rempli ses désirs, en présentant son livre au roi, et le plaisir qu'il aura toujours à lui marquer sa parfaite considération. »

Un homme considérable de Genève, M. Fuirettini, ajoute sa voix au concert d'éloges auquel nous assistons, puis il ajoute :

XIX.

Si mon suffrage pouvoit être en pareille
matière du moindre poids, je le joindrois avec
bien de l'empressement à celui de toutes les
personnes versées dans l'art. M. Cabanis avoit
commencé à s'en occuper avec un vrai plaisir;
mais une maladie terrible vient de le mettre
aux portes du tombeau. Nous l'avons cru mort,
et hier encore il passoit pour être sans espérance: Il est un peu mieux aujourd'hui, et la
question se réduit à savoir s'il pourra soutenir
la journée de demain qui sera vraisemblable-
ment la plus critique. Comme sa maladie est
une inflammation de poitrine, son sort ne tar-
dera pas à être décidé.

Ma fille est bien : sa paupière droite s'est
cependant un peu relâchée cet hyver, et je crois
qu'il est essentiel qu'elle continue à se boucher
fréquemment l'œil gauche, pour accoutumer la
paupière droite à se tenir ouverte; c'est à quoi,
je l'exhorte beaucoup.

.... Je conserverai toujours la plus vive reconnaissance des soins que vous avez donnés
à des personnes qui me sont chères, etc.

FUIRETTINI.

Genève, le 18 avril 1771.

Le 6 juin, M. de Sandoz Rollin, probablement attaché à la personne de Louis XV, l'informe qu'il attend encore la réponse sur le

paquet qu'il a fait passer au Roi, et qu'il ne manquera pas de lui en faire part, dès qu'elle lui sera parvenue.

Nous avons six lettres du marquis P. de Sou·bise, à Janin, où il l'applaudit du zèle qui l'a·nime, de l'excellence de ses travaux et de ses découvertes. Il désire pouvoir contribuer à récompenser tant de mérite. Nous citerons la dernière de ses lettres.

A Paris, le 31 mars 1777.

XX.

J'apprends avec plaisir, Monsieur, la continuation de vos succès et que vous jouissez avec le plus grand agrément du fruit de vos travaux. La lettre que vous me communiquez de Sa Majesté l'impératrice-reine, est la récompense la plus flatteuse que vous ayez pu recevoir, et je prends véritablement part à toute la satisfaction que vous éprouvez pendant votre séjour à Milan. Je suis, etc.

Le M. de SOUBISE.

La correspondance de Janin pour 1772, est close par un témoignage du vertueux duc de Penthièvre. C'est un secrétaire qui tient là plume et la signature est difficile à déchiffrer.

XXI.

« Son Altesse Sérénissime, dit l'écrivain, me charge de vous accuser réception de l'ouvrage et de la lettre que vous lui avez adressés, *et de vous en faire de sa part et en son nom* tous les remerciements possibles (1). »

À Rambouillet, ce 20 septembre 1772.

(1) Penthièvre (Louis-Jean-Marie de Bourbon, duc de), c'est le dernier héritier des fils légitimés de Louis XIV. Il naquit à Rambouillet, le 16 novembre 1725. Il hérita, en 1737 des titres de son père, le comte de Toulouse. Le jeune duc suivit de solides études, et fit sa première campagne en 1742, sous le maréchal de Noailles. Il se distingua à Dettingue et à Fontenoy. En 1746, quand les Anglais menaçaient la Bretagne, le duc de Penthièvre fut élevé au grade d'amiral, obtint le gouvernement de cette province, et donna aux états assemblés une idée avantageuse de ses talents : par ses soins la Bretagne fut préservée de toute invasion. Il épousa en 1744, une princesse d'Est, et parvint à faire rétablir son beau-père, le duc de Modène, dans ses états, que ce prince avait perdus pour s'être déclaré pour la France. Devenu veuf en 1754, il pleura sincèrement son épouse, et comme il avait quitté le service depuis quelque temps, il se livra dès-lors sans obstacle aux exercices de bienfaisance et de piété. Une autre perte cruelle pour lui fut celle de son fils, le prince de Lamballe; il en conserva une tristesse profonde. Il construisit aux Andelys un hospice qui lui coûta 400,000 fr. Il dota Crécy d'un établissement semblable. Le duc de Penthièvre aima les hommes de talent et les reçut fréquemment à Rambouillet. Il protégea la jeunesse de Florian, et ce fut pour le distraire et par ses encouragements que cet auteur composa des fables. Il présida avec distinction l'un des sept bureaux de l'assemblée des notables. Sa belle vie imposa aux révolutionnaires, qui n'osèrent le proscrire. Retiré à Vernon, avec sa fille, la duchesse d'Orléans, la population plaça

Jusqu'à 1777 , nous traversons des années généralement dépourvues des richesses épistolaires que dut posséder Janin. Pour 1773, nous sommes réduits aux seuls noms du maréchal de Biron(1) et du cardinal de Larochevoguyon.

Ces nombreuses assurances de haute estime pour le docteur, bien que monotones en apparence, n'en ont pas moins un caractère digne de l'attention du monographe. « Vos talents et vos veilles pour l'humanité , lui dit le maréchal, méritent l'estime de tout bon *citoyen* (2). Je

à la porte du château cette inscription : *hommage rendu à la vertu*. Mais la fin tragique de la princesse de Lamballe, sa fille, et bientôt après celle de son parent et de son roi, l'accablèrent de douleur , et il mourut le 4 mars 1793.

(1) Biron (Louis Antoine de Gontaut, duc de). Il était pair et premier maréchal de France, gouverneur du Languedoc; etc. Il naquit à Paris le 2 février 1701. Il eut les vertus d'un guerrier et d'un sage. Nommé colonel des gardes françaises en 1745, il disciplina ce corps qui auparavant n'avait point de mœurs et était la terreur de Paris. Ce succès faisait dire à Frédéric II : *Je ne connais que deux corps bien rangés à Paris , celui des curés et celui des gardes françaises.* » Il mourut le 29 octobre 1788 , laissant aux guerriers et aux bons citoyens l'exemple d'une vie on ne peut plus noble et on ne peut mieux remplie. On a de lui un *Traité de la guerre.*

(2) Le mot a ici sa valeur, et prouve qu'il n'était pas

souhaite avoir occasion de vous donner des marques de celle que j'ai pour vous. Vous connaissez mes sentiments à votre égard et vous devez être persuadé de tout le désir que j'ai de vous être utile..» Si ce n'est là que l'expression de la bienveillance, on avouera qu'elle est exquise. Cette sympathie est confirmée par trois autres lettres où notre oculiste est en outre glorifié de l'opération heureuse qu'il a faite au duc de Modène et à Mme de Sainte-Suzanne.

Le cardinal de Larochevoguyon écrit à Janin, de Versailles, en 1773, et de Paris, en 1777. Il est *infiniment touché de l'attention* de celui à qui il répond et il l'assure de ses plus parfaits sentiments.

Il existe six lettres et une épître en vers de Thomas à Janin. Cinq de ces lettres figurent, avec l'épître, au sixième volume des œuvres de l'illustre académicien. La sixième lettre est inédite et fait partie, avec le premier de ces autographes, plus l'épître qui est sans date, de la collection qui nous a été communiquée. Voici comment Thomas entre en rapport avec le savant oculiste :

XXII.

De Paris, le 4 août 1774.

Monsieur, j'ai appris par M. Chabanon,

inconnu des puissants eux-mêmes, bien avant les agitations politiques de nos temps et toutes les impostures débitées par des habiles

mon ami, que vous vouliez bien vous inté-
resser à ma santé. Encouragé par ce qu'il m'a
dit, j'ose avoir recours à vos lumières. J'ai
exposé dans un mémoire l'histoire de ma maladie, le détail des remèdes que j'ai faits, et
l'état actuel où je me trouve. Pardon de ma
longueur; mais un malade est excusable quand
il parle de ses maux. Depuis un an je suis privé
de toute espèce d'occupation, c'est-à-dire de
plaisir. J'ai tout essayé, et rien ne m'a guéri.
Votre juste célébrité, Monsieur, me rend une
espérance que j'avais presque perdue. Vous
êtes honoré à Lyon, désiré à Paris, et aimé
de toute l'Europe. On vous consulte de loin
comme le dieu d'Epidaure révéré dans la
Grèce : mais on lui attribuait des prodiges, et
vous en faites. Daignez en faire un de plus,
celui de me rendre mes yeux et ma pensée.
Vous obligerez pour la vie, celui qui a l'honneur d'être avec autant de confiance que de
respect, Monsieur, votre, etc.

THOMAS.

Il y a des lacunes, présumons-nous, dans
l'échange de lettres qui dut avoir lieu entre les
deux célébrités intellectuelles; car, même dans
les Œuvres de Thomas, où sa correspondance est reproduite, de 1774, nous ne retrou-
vons trois autres lettres qu'en 1785.

Thomas a écrit, dans cette année, deux
fois de Nice. La première fois il remercie Janin

de l'envoi qu'il lui a fait, à Paris, de son ouvrage intitulé : *Réponse au Discours de M. O. Rian.* « Vous y vengez , dit l'écrivain , d'une manière vive et plaisante l'honneur du dix-huitième siècle, et les découvertes de tous les genres, toujours attaquées par ceux qui n'en font pas. » Thomas termine par des paroles de gratitude, qui nous apprennent le soulagement qu'il devait aux traitements de l'habile chirurgien lyonnais : « Recevez tous mes remerciements, Monsieur; il y a longtemps que je vous en dois de particuliers, et je n'entends jamais prononcer votre nom sans reconnaissance. Je me rappelle toujours l'intérêt que vous daignâtes prendre à une maladie que j'avais sur les yeux, il y a quelques années, les conseils que vous avez eu la bonté de me donner. »

Un mois après, c'est-à-dire le 29 mars, Thomas accuse réception à Janin de sa brochure sur l'*Antiméphitique* , à propos de laquelle il entre dans certaines considérations et renouvelle à son correspondant ses meilleurs souvenirs.

Le 1er juin suivant , l'auteur de l'*Essai sur les éloges* est à Oullins, chez M. de Montazet, archevêque de Lyon, qui lui donnait, ainsi qu'à Ducis, une gracieuse hospitalité. « Nous sommes établis et presque arrangés, Monsieur, écrit-il ; mais nous sommes loin de vous ; et c'est un sujet de bien véritable regret pour moi et toute ma société. » Ces lignes continuent par les protestations les plus dévouées.

Nous ne pouvons que donner en entier la lettre suivante, qui est pleine de choses et qu'il serait impossible de faire connaître par une analyse.

XXIII.

D'Oullins, 5 juillet 1785.

Il nous est difficile , mon cher et res- pectable ami, de vous peindre tous les regrets que nous avons éprouvés, M. Ducis et moi, en nous séparant de vous et de Madame Janin. Il nous semblait que votre maison était devenue la nôtre, et mon cœur était serré en vous quit- tant, comme si nous n'avions pas l'espérance de vous revoir. Vous nous avez comblés tous les deux de tant de marques d'amitié, que nos cœurs en seront à jamais reconnaissants. Mais la reconnaissance est peu de chose : ce n'est que par la plus tendre amitié, que l'on peut répondre à vos sentiments. Notre malade, qui, grâce à vous, ne l'est plus, a fort bien soutenu la petite route que nous avons faite. Elle nous a cependant paru triste et bien longue, parce qu'elle nous éloignait de vous et de celle que nous aimons presque autant que vous l'aimez vous-même. Nous nous sommes sans cesse entretenus d'elle et de vous, et nous en avons encore parlé en arrivant. Ainsi nous vous avons quittés le moins qu'il nous était possible.

Le soir, M. l'archevêque de Lyon est venu voir
le malade. Nous avons encore soulagé notre
cœur en lui parlant de vous. Je lui ai conté en
détail vos travaux, vos succès, vos excellentes
qualités, et les injustices qu'une cabale puis-
sante vous a fait essuyer. Il a paru écouter
ces récits avec le plus grand intérêt. Il nous a
promis qu'il allait lire les lettres sur l'*Anti-
méphitique*, que vous lui avez envoyées. Toute
cette conversation a été amenée par la petite
pièce de vers que je vous ai adressée, et dont
M. Ducis lui a parlé (1). M. l'archevêque de

(1) Nous ne plaçons pas ici cette pièce à cause de sa
longueur et de sa présence dans les Œuvres de Thomas.
Ceux qui ne l'auront pas lue peuvent juger de la douce
poésie qui y coule d'un bout à l'autre, par ces vers qui
la terminent :

 Quelle douleur, en vain, vous implora jamais !
 Il n'est plus d'indigens près de votre retraite :
 D'un ami des humains goûtez la douce paix :
  Quand tous vos jours sont des bienfaits,
 Vous méritez aussi qu'ils soient des jours de fête.

Le nom de baptême de Janin était Jean. Le poète,
qui lui fit cette épître à l'occasion de sa fête, met d'a-
bord en parallèle les actes de la vie du précurseur du
Messie et de son ami.

  De la morale il fut l'apôtre,
  Et vous l'êtes de la santé,

lui dit Thomas, qui rappelle ensuite *les dons brillants*
de l'impératrice Marie-Thérèse à Janin. Vient le récit
animé d'une chute de voiture faite par Ducis, le *Shaks-
peare français*, dans les environs de Chambéry, et des

Lyon, M. le marquis de Montazet, et M. le
comte de Laurencin, qui étaient présents, ont
désiré l'entendre, et je la leur ai lue. Ils m'ont
paru très-contents : M. l'archevêque m'en a
demandé une copie tout de suite, quoique je
lui aie dit que vous aviez le projet de la faire
imprimer. M. Ducis l'a transcrite, et je viens
de l'envoyer à M. l'archevêque, qui l'a dans
ce moment. Voilà où nous en sommes, mon
cher et respectable ami. Je vous embrasse bien
tendrement, et du fond de mon cœur, ainsi que
M. Ducis. Les plus tendres respects à Madame
Janin. Ma sœur et M. de La Saudraye vous
disent mille choses, et sont bien empressés de
vous revoir. Nous partageons tous le même
sentiment ; car il n'y a ici qu'un cœur pour
vous. Venez avec Madame Janin, dîner avec
nous le premier jour que vous aurez de libre.
Venez nous rendre, au moins pour une journée,
une partie du plaisir que nous goûtions à être
auprès de vous. Vous changerez votre belle
maison contre un ermitage ; mais vous y trouve-
rez l'amitié qui consacre tous les lieux où elle
passe, et change les chaumières en un temple.
Elle ne fait pas souvent cet honneur-là aux
palais. Mon tendre ami et moi nous vous re-

soins que Janin a donnés au poète tragique, soins qui
l'ont rendu à la santé. Après avoir célébré cet heureux
succès, l'auteur termine par le passage donné plus haut.

Ainsi l'éloge de Janin a été prononcé de son vivant,
et pour lui la postérité a devancé la tombe.

nouvelons tous nos embrassements. Je finis
sans cérémonie.

Thomas.

Nous transcrivons enfin la lettre inédite que
nous avons en notre possession :

XXIV.

Je vous remercie , mon cher et obligeant
ami , des soins que vous avez bien voulu
prendre de faire raccommoder ma montre et de
me l'envoyer. Mais vous ne me mandez point
ce que je dois à l'horloger, ou ce que vous
avez bien voulu lui payer pour son travail.
Vous voudrez bien me le dire, la première fois
que j'aurai le plaisir de vous voir. Nous nous
portons tous à notre ordinaire , à nos petites
infirmités près, auxquelles se joint un peu de
fatigue d'une vie beaucoup plus dissipée que
nous ne voudrions. Nous sommes forcés trop
souvent de sortir de notre retraite , et nous
aurions tous besoin d'un grand repos. M. Ducis
ne va point trop mal. Il se rétablit par degrés.
Il ne lui reste qu'un peu de douleur. Il me
charge de mille compliments pour vous. Toute
notre petite société se réunit pour offrir ses
respects à Madame Janin. Nous désirons beaucoup que le dernier voyage qu'elle a eu la
complaisance de faire à Oullins ne l'ait point
incommodée. Nous ne voudrions pas que nos
plaisirs lui coûtassent la plus petite peine. Une
visite qui me survient dans ce moment, m'oblige

de m'arrêter malgré moi et je n'ai que le temps de vous renouveler l'inviolable attachement que je vous ai voué.

THOMAS.

A Oullins, ce 9 août 1785.

Cette lettre est peut-être la dernière que Thomas écrivit, car environ un mois plus tard, c'est-à-dire le 17 septembre 1785, il expira au château d'Oullins. Nous avons une lettre où étaient insinués des reproches à un autre médecin que Janin, sur cette fin prématurée, qui aurait pu être éloignée encore (1):

(1) Thomas (Antoine-Léonard) né à Clermont, en 1732, avait donc à sa mort 53 ans. Il avait débuté dans les lettres, par des *Réflexions philosophiques et littéraires sur le poème de la Religion naturelle* de Voltaire, alors dans tout l'éclat de sa réputation. Il y attaque cette *philosophie orgueilleuse qui voudrait élever la religion naturelle sur les débris de la religion de nos pères*. Il relève des négligences de style. En 1756, il prenait encore à partie le patriarche de Ferney, dont il comparait le génie *à un volcan qui ne jette plus que de faibles étincelles, obscurcies par beaucoup de cendres qui s'y mêlent.* Plus tard, Thomas se rapprocha de l'auteur de *Zaïre*.

Les *Eloges* de cet écrivain, dont plusieurs furent couronnés par l'Académie, assurèrent sa réputation. On y trouve beaucoup d'esprit, une imagination riche et féconde, des tableaux énergiques, des analyses justes, des jugements profonds, mais en même temps du clinquant, de la monotonie, de la recherche, l'abus des métaphores

Le 11 avril 1774, le docteur Castellani, de Florence, annonce à Janin, qu'il va mettre sous presse une traduction nouvelle de *Mémoires et observations sur l'œil*; il demande à l'oculiste s'il n'a pas *d'addition, de retranchement, de correction à faire* à un ouvrage dont il loue hautement la valeur. Voici un fragment essentiel de cette lettre.

XXV.

A mon retour de Paris, l'an passé, dans le courant du mois de mars, j'eus l'honneur de faire connaissance avec vous. Le bon accueil que vous daignâtes me faire; les marques de confiance que je reçus de vous, lorsque vous me lûtes une savante dissertation que

qu'il affecte de tirer des arts et des sciences peu à la portée du lecteur. L'*Eloge de Marc-Aurèle*, plus irréprochable pour le style, est défectueux pour le fond. L'*Essai sur les éloges* est écrit avec plus de goût; il est rempli de bonnes observations, de justes critiques : c'est son meilleur ouvrage. Ses pièces de vers, l'*Ode sur le temps* surtout, ont un vrai mérite poétique. Nous avons vu comment, après avoir traîné un certain temps une vie languissante, il s'était éteint chez Mgr. de Lyon. Le digne prélat l'ayant lui-même prévenu sur son état, Thomas eut recours aux consolations de la foi, et fit une mort chrétienne. Les critiques ont reproché de l'exagération à l'*Essai sur le caractère et les mœurs des femmes*, quant aux conditions de ce sexe, soit en Asie, soit en Europe.

vous me dites avoir dessein de donner au public, après que l'Académie l'aurait approuvée,
ce qui ne pouvait certainement pas vous être
refusé ; la politesse enfin avec laquelle vous
me fîtes la gracieuse invitation d'assister à
une de vos belles opérations sur la cataracte;
toutes les attentions honorables dont vous
m'avez comblé, m'obligent à une reconnaissance éternelle, et m'ont laissé le plus profond
souvenir des excellentes qualités de votre belle
âme et de votre bon cœur, qualités vraiment
dignes d'un vrai philosophe (1) et d'un grand
homme de lettres.

Cette lettre porte le *post-scriptum* suivant :

— J'espère que cette nouvelle traduction
aura le même succès qu'a eu celle de l'ouvrage
sur les *Secours qu'il faut administrer aux noyés*,
traduit en italien par un célèbre savant de
cette capitale, avec les notes et réflexions pra-
tiques dont il l'a augmenté. —

Nous sommes en 1775. M. Bertin, dont les
fonctions, à Versailles, ne nous sont pas connues, témoigne à Janin, dans trois lettres
consécutives, son admiration et un entier dévoûment. La troisième de ces pièces remercie

(1) Ce mot de philosophe était donné comme un
éloge, au XVIIIe siècle à toutes les sommités intellectuelles et sociales : aujourd'hui il ressemblerait à un
trait d'épigramme.

le chirurgien de la communication par lui faite
à M. Bertin, d'avoir triomphalement opéré de
la cataracte le duc de Modène.

Le 15 septembre, c'est M. Buseamoll, qui
écrit de Paris, annonçant son arrivée et celle
de M. le Cardinal avec une santé parfaite. Il
assure l'opérateur de l'affection de Son Eminence, et de ses sentiments particuliers aux-
quels il ne met aucune mesure.

Il est ici question du cardinal de Rohan, archevêque de Strasbourg, et dont la fameuse
dupe de Cagliostro et de la femme La Motte,
fut le neveu, le coadjuteur et le successeur. Le
cardinal de Rohan était venu à Lyon, au mois
d'août 1775, consulter Janin sur l'état de sa
vue, et paraît avoir séjourné dans la belle résidence de notre oculiste, à la Guillotière. Quatre
lettres du vieux prélat à Janin sont là rem-
plies d'une urbanité qui enchante. Il informe
Janin de l'usage qu'il fait de ses conseils,
n'ayant pas cru, à cause de son grand âge,
(81 ans), devoir se faire opérer de la cataracte,
déjà complètement formée sur l'œil gauche,
et ne laissant venir à l'œil droit qu'une partie
de la lumière. Il prend le matin *une prise de
précipité comme on prend une prise de tabac,*
ce qui lui *fait jeter* des humeurs abondantes.
Ce précipité est mentionné dans les livres du
chirurgien.

Une pommade conseillée aussi et dont le

digne archevêque] de Strasbourg se sert, a
rendu- la vue à son maréchal-ferrant, qui *était
tout-à-fait aveugle*, et qui maintenant *y voit assez
pour distinguer les objets et pour aller lui seul
dans tout Paris.*

XXVI.

Je suis on ne peut plus touché, ajoute-t-il
ensuite, de ce que vous me dites de flatteur
de la part de M. le duc de Modène et de
M. le cardinal Durini. Je voudrais qu'il fût en
mon pouvoir de leur donner des preuves des
sentiments dont je suis pénétré pour eux et que
je leur dois à tant de titres.

Mille choses pour moi à madame Janin ; elle
voudra bien être persuadée de tout ce que je
pense pour elle. Quant à vous, Monsieur,
jouissez longtemps des fruits de votre réputation et de votre mérite si distingué et si utile
aux hommes. C'est le vœu sincère que je fais
pour vous, et qui vous garantit que personne
ne prendra jamais plus de part que moi à ce
qui vous arrivera d'avantageux, comme il
n'est personne qui vous honore, etc.

Nous donnerons en entier une des lettres du
cardinal de Rohan.

XXVII.

A Paris, ce 11 novembre 1776.

Si je ne vous ai pas écrit, Monsieur, ce
n'est pas que je n'aie toujours été également

touché des marques d'attachement et d'intérêt que vous avez bien voulu me donner; mais parce que, malgré mon âge, je suis dans la nécessité de donner sans cesse presque tout mon temps à mes affaires qui sont assez multipliées, et que d'ailleurs je n'avais rien de particulier à vous mander. Ma santé s'est assez bien soutenue à quelques ressentiments de goutte près et au défaut absolu de l'usage de mes jambes, usage que je ne puis me flatter de recouvrer. Quant à mes yeux, ils sont tout à fait dans le même état où vous les avez vus quand j'ai été chez vous. Je ne vois ni plus ni moins que je ne voyais alors. La cataracte de l'œil droit n'a pas augmenté, et de celui-là je continue d'apercevoir la lumière, sans cependant pouvoir toujours distinguer les objets avec certitude. Mais je ne vois rien du tout de l'œil gauche, dont la cataracte, comme vous le savez, est tout-à-fait formée. Si j'aperçois encore la lumière de cet œil, cela est réduit à très-peu de chose, à une espèce de petite lueur on ne peut pas plus obscurcie. Je n'ai plus tenté aucun remède, et je m'en suis tenu au conseil que vous m'avez donné de rester comme je me trouve. Actuellement je me borne à me laver les yeux tous les matins avec de l'eau de rose.

En voilà assez pour ce qui me regarde. Parlons de vous, Monsieur, maintenant. Ma satisfaction serait entière, je vous assure, si je pou-

vais parvenir à vous faire obtenir le cordon de
Saint-Michel. Je n'ai pas oublié cet objet de vos
désirs et des miens. Mais vous n'ignorez pas
les changements successifs qu'il y a eu jusqu'ici
des personnes en place ; ils ont été tels qu'il
n'eût pas été aisé de faire des démarches
avec quelque apparence de succès. S'il y a
plus de consistance dans la suite, je verrai
avec M. le baron de Juigné les moyens de
réussir, et je me joindrai avec grand plaisir à
lui pour vous faire obtenir, s'il est possible,
une distinction dont personne assurément n'est
plus digne que vous. Je le dis dans toute la
sincérité des sentiments que je vous ai voués,
et avec lesquels je vous honore, Monsieur,
bien véritablement.

Le cardinal de ROHAN (1).

P. S. Je suis bien sensible aux choses honnêtes que vous voulez me dire de la part de
madame Janin. Je vous prie de l'en assurer et
de lui faire tous mes compliments.

Les lettres du cardinal nous restent seules
pour l'année 1775.

(1) Louis-Constantin de Rohan. Il était frère d'Ar-
mand-Joseph , archevêque de Reims, et qui sacra
Louis XV. Louis-Constantin fut d'abord chevalier de
Malte, puis capitaine de vaisseau (1720). Ayant em-
brassé l'état ecclésiastique, il devint aumônier du roi,
évêque de Strasbourg et cardinal (1761). Il mourut à
Paris en 1779.

En 1776, s'ouvre entre Janin et le marquis de Bagnesis, un des hommes les plus considérables de la cour de Modène, un échange de lettres continué jusqu'en 1779.

Des ouvertures avaient déjà été faites pour opérer de la cataracte le duc de Modène. M. de Bagnesis, en louant beaucoup Janin sur sa renommée, appelle de tous ses vœux le moment où il pourra le connaître personnellement. C'est le comte Sacco qui était porteur de ce pli (31 décembre).

Janin a annoncé au noble correspondant la dédicace d'un prochain ouvrage. Le marquis en exprime sa reconnaissance au savant, et désire que cet hommage n'ait lieu qu'après l'opération projetée pour son prince. (8 février 1777).

Un médecin choisi par Janin doit partir pour Modène et être attaché à la personne du duc François. Une lettre du 29 août 1777, entre dans tous les détails relatifs au traitement, au séjour, au logement, aux attributions et même à une pension de 150 zecchini, en faveur de ce médecin, dont le nom n'est pas énoncé. Cette lettre renferme un *Post-scriptum* qui est du domaine de l'histoire et que voici :

XXVIII.

M. le lieutenant général de police de Lyon m'a fait l'honneur de m'écrire une lettre, où il me mande de faire faire, à Milan et à

Modène, quelques recherches sur une affaire
de sa compétence. A ce qu'il me dit de vous,
Monsieur, je vois qu'il est de votre connaissance intime. Je vous prie de lui faire mes
compliments et de l'assurer que je vais faire
tenir bientôt à Milan, sa lettre jointe au reste,
á qui de droit, pour l'accomplissement de ses
désirs ; que j'en enverrai une copie à Modène,
dans le même but. Dès que j'aurai reçu l'objet
de sa demande, j'aurai l'honneur de le lui
transmettre et de répondre à l'entier contenu
de sa lettre...

BAGNESIS.

Cette lettre est datée de Varèse.

Janin est allé à Milan. Le duc a heureusement recouvré la vue et le marquis écrit au
célèbre oculiste.

XXIX.

Voici , Monsieur , la réponse de Mgr.
le Duc. J'ai envoyé l'autre à S. A. R. l'Archiduc. Si je me suis applaudi de lire dans
votre cœur le zèle et l'activité qui l'animent
pour tout ce qui est honnête et juste, je me
flatte qu'il l'aura été autant pour vous que de
rencontrer dans le mien les sentiments de la
sincérité et de la reconnaissance. C'est pour
cela que je voudrais bien concourir à calmer
votre esprit dans les alarmes qui le troublent
contre la calomnie (1).

(1) Janin paraît avoir été en butte à une opposition

Je vous prie surtout, mon cher monsieur Janin, de vouloir vous persuader que si les démarches de Mgr. le duc de Penthièvre et de madame la princesse de Conti n'ont pas réussi à l'égard de vos désirs, ce n'a été purement que par la difficulté de la chose elle-même. Vous en êtes d'ailleurs instruit à cette heure par ma lettre au comte Sacco, qui devait aussi vous remettre votre ordre pour la dépense.

Je vous informe aussi, Monsieur, que votre pension ici a été déjà enregistrée en règle, au bureau de la Chambre, à Modène, et qu'elle vous sera payée exactement aux termes fixés.

Souvenez-vous, je vous prie, d'envoyer ma tabatière à Paris, si ce n'est pas vous faire tort que de penser qu'elle n'ait pas encore été envoyée. Faites mes compliments et ceux de madame la marquise de Bagnesis, à madame Janin, etc.

BAGNESIS.

La date a été omise.

(18 avril 1778). Janin a fait un envoi de vin de Bourgogne et de Côte-Rôtie au duc, *qui jouit d'une parfaite santé.* M. de Bagnesis se réjouit de ces envois, annonce la prochaine arrivée de la signature de son souverain et dit mettre sous le pli du même jour une lettre de la princesse Melzi.

(Milan, 12 mai 1778). Le vin de Côte-Rôtie

violente à propos de son système de désinfection développé dans son écrit intitulé : L'*Anti-méphitique.*

est arrivé. *S. A l'a trouvé excellent*. Elle attend d'avoir reçu celui de Bourgogne, pour le goûter, en faire ses compliments à Janin, et y joindre l'expression de sa haute estime.

(Milan, 30 juin). La princesse Melzi a reçu une caisse de vin qui lui était destinée, elle en exprime ses remerciements.

(4 juillet). M. de Bagnesis invite Janin à faire toucher sa pension échue et les termes à échoir, par l'entremise d'un négociant de Lyon, ayant des relations avec Modène.

(Milan, 16 octobre 1779). Lettre de témoignage de la plus haute et de la plus parfaite estime.

Hercule d'Este, qui devait être le dixième et dernier duc de Modène, adresse, le 23 avril 1777, les lignes suivantes à Janin.

XXX.

Je suis bien aise, Monsieur, d'entendre répéter par vous-même la bonne suite de votre opération à S. A. S. le duc mon père, que votre réputation me promettait d'avance heureuse, et dont j'espère le plus constant succès.

HERCULE D'ESTE (1).

(1) Il était fils de François. Né en 17 27, il succéda dans un âge avancé à son père, mort en 1780. Hercule III avait épousé Marie-Thérèse Cibo-Malaspina, qui lui apporta en dot les duchés de Massa et de Carrara. Il rétablit les finances de ses États ruinées par les guerres.

C'est maintenant Marie-Thérèse d'Autriche qui honore Janin de ses impériales félicitations.

XXXI.

Schœnbrunn, le 28 avril 1777.

J'ai reç*eu* avec plaisir votre ouvrage, cóme un essa*y* des connoissances solides dont vous ven*ès* de donner une preuve bien réelle, par le succès de l'opération faite au duc de Modène; succès auquel je m'intéresse de cœur par la sincère amitié que je porte à ce prince. Mes enfants de Milan vous rendent la justice la plus complète (1), et celle que vous rendez à notre grand Van Swietten ne saurait qu'augmenter l'opinion avantageuse que j'ai d'abord *conceue* de vos talents.

Marie Thérèse (2).

Il réforma l'armée levée par son père. Sa grande économie lui permit d'amasser des richesses considérables, qu'il emporta à Venise, en 1796, lors de l'invasion de l'Italie. Il mourut à Trieste en 1802 sans postérité mâle.

(1) Marie Béatrix, petite-fille du duc François, avait été mariée, en 1771, à l'archiduc Ferdinand d'Autriche, qui fut nommé à cette occasion gouverneur des duchés de Milan et de Mantoue.

(2) Nous ne consacrerons pas de notice à l'impératrice-reine; nous rappellerons seulement le mot de Frédéric II à propos d'elle : J'ai donné des larmes sincères à sa mort : elle a fait honneur au trône; je lui ai fait la guerre, et n'ai jamais été son ennemi. »

Elle était le dernier rejeton de la maison de Hab-

La grande souveraine avait perdu son époux en 1765, et porta le deuil le reste de sa vie ; c'est ce qui explique le cachet noir que nous voyons sur sa lettre. Elle fit présent à Janin de précieux diamants , dont son fils lui fit , à Milan , la remise solennelle.

Le 11 juin 1777 , le comte de Bellegarde , prévôt de l'église de Lyon , rend hommage à Janin, encore à Milan, pour tout ce qui lui arrive d'heureux et d'honorable à la cour de cette métropole.

Le 15 novembre 1784, le même personnage, alors à Paris, transmet à l'oculiste, au nom de l'archevêque de la capitale, un mémoire sur un œil malade de l'abbé de Florac , son grand-vicaire , auquel il s'intéresse beaucoup. La réponse doit être adressée à l'archevêché de Paris.

Cette lettre signale que le baron de Juigné a

sbourg. Ses paroles aux Etats Hongrois, au moment de ses grandes infortunes, en 1741, ne sauraient être trop répétées à cause de leur grandeur:

« Abandonnée de mes amis, persécutée par mes ennemis, attaquée par mes plus proches parents, je n'ai de ressource que dans votre fidélité, dans votre courage et ma constance. Je remets entre vos mains la fille et le fils de vos rois, qui attendent de vous leur salut. »

Noble peuple qui répond à ces paroles par celles-ci : *Moriamur pro rege nostro Maria-Theresa.*

été pendant deux mois aux portes de la mort.

Le mémoire, écrit de la main du prélat, est annexé à la lettre : l'abbé de Florac n'avait que trente ans et avait un œil gravement malade des suites de la petite vérole qu'il avait eue.

Le duc de Parme honora Janin des deux lettres suivantes :

XXXII.

A Varèse, ce 6 août 1777.

Le marquis Bagnesis vient de me remettre votre lettre du 21 juillet. Je suis bien sensible, mon cher Janin, aux sentiments de votre cordialité, et à l'intérêt qui vous anime pour ma santé qui se soutient toujours comme vous l'avez laissée. Il n'est pas surprenant, à mon avis, que l'on cherche d'opposer à la vérité du fait la calomnie qui vous inquiète. Les attaques de l'envie, vous le savez, ont été en tout temps le partage du mérite. Mais un homme d'esprit comme vous doit les mépriser, et je serai toujours bon témoin contre la calomnie. Je garde toujours le projet de nous revoir. En attendant vous pouvez être bien persuadé de mon estime aussi bien que de mes sentiments pour madame Janin.

FRANÇOIS.

XXXIII.

A Milan, ce 6 février 1779.

Je ne doute pas, mon cher Janin, de la

ferveur de vos vœux pour moi, dans la circonstance de la nouvelle année, connaissant
trop vos sentiments pour ne pas les agréer. Je
vous souhaite de sortir vainqueur de l'affaire
qui tant vous intéresse, comme aussi la jouis-
sance de tout autre contentement pour vous et
pour madame Janin.

FRANÇOIS.

Le prince de Modène félicite également Janin à l'occasion de l'année nouvelle.

Déjà, à la date du 1er juillet 1777, François III,
avait, par un diplôme officiel, nommé Janin
son médecin oculiste, et lui avait assigné une
pension annuelle de 2,400 fr., sa vie durant,
et en cas de mort avant Catherine Marchan, sa
femme, reversible au bénéfice de celle-ci.

Il paraît que certains jaloux avaient cherché
à nuire à Janin, dans l'esprit de l'héritier pré-
somptif de la couronne d'Autriche, d'après la
lettre que nous avons lue du Duc de Modène et
de celle que nous transcrivons plus explicite
encore que la première.

XXXIV.

Varèse, 8 août 1777.

L'intérêt que j'ai pris et que je pren-
drai toujours à votre satisfaction, est dû,
mon cher Janin, à votre mérite et à votre hon-
nêteté. Pour ce qui regarde la fausseté dont
on a voulu surprendre la majesté de l'Empe-

reur (1) sur votre compte, si ce n'est pas assez que les preuves que M. le comte Sacco lui a présentées pour le désabuser, vous auriez pu y ajouter mon témoignage. A moins que l'on ne prétende que je sois aveugle aussi moi, je vois de mes yeux tous les jours Mgr. le Duc fermer ses lettres de sa main et jouer aux cartes tous les soirs à la lumière des bougies, en les distinguant très bien de lui-même.

Vous savez autant que personne au monde, que pour dissiper la calomnie, souvent il n'y a mieux que de la mépriser. Faites-en donc usage en homme d'esprit, et gardez pour le bien de l'humanité la tranquillité de votre âme. Faites mes compliments à madame Janin et soyez sûr de mon estime et de mon attachement.

LA PRINCESSE MELZI, née comtésse D'HARRACH.

Suivant deux autres lettres de la même prin_cesse 1778, — 1780 ; elles renferment des politessés.

La fille du Duc de Modène se joint à ce concert de témoignages.

XXXV.

A Paris, ce 4 septembre 1777.

Je prends d'autant plus de part, Monsieur,

(1) Joseph II aurait ainsi porté le titre d'Empereur même du vivant de sa mère.

aux contrariétés que vous avez éprouvées au sujet de l'opération faite par vous à mon père, qu'étant instruite de l'heureux succès qu'elle a eue, j'en sens mieux l'injustice. C'est avec plaisir qu'en épanchant ma joie sur un événement si intéressant pour mon cœur, j'ai rendu la justice qui était dûe à votre mérite et à votre habileté, et vous ne devez pas douter qu'en toute occasion, je ne sois toujours disposée à vous donner des preuves de la considération que j'ai pour vous.

FORTUNÉE D'EST.

Une seconde lettre (1778) de cette princesse confirme ces dispositions excellentes.

L'évêque de Carcassonne honorait Janin d'une estime toute particulière. Le 13 septembre 1777, bien que malade, le prélat lui écrivait les choses les plus obligeantes sur ses succès. Puis il ajoutait:

XXXVI.

Je vous félicite surtout des marques de bonté dont vous a honoré l'Impératrice reine de Hongrie : c'est un titre d'honneur que vous devez conserver précieusement dans votre famille, etc.

† ARMAND, Evêque de Carcassonne.

Le célèbre médecin suisse Tissot, dont le nom et les écrits sont connus de l'Europe en-

tière, était en relation avec notre chirurgien.
La seule lettre de lui, que nous puissions offrir,
est relative au médecin qui devait être procuré
par Janin à François, duc de Parme. Tissot
habitait Lausanne.

XXXVII.

19 juillet 1777.

Ce que j'avais craint est arrivé, Monsieur,
et les deux seuls médecins que j'aurais pu in-
diquer avec une entière confiance à S. A. se
trouvent dans des circonstances qui ne leur
permettent pas d'entreprendre de nouveaux
établissements et les forcent à rester où ils se
trouvent. J'en ai un véritable regret, parce que
j'aurais été réellement flatté et réjoui de rem-
plir, au gré de ce respectable prince, la commission dont il avait bien voulu m'honorer.
J'aurais eu d'ailleurs un vrai plaisir à sçavoir
que sa santé était remise entre des mains sûres ;
enfin j'aurais été bien aise qu'un poste aussi
brillant et aussi agréable eût été rempli par
un hôme que j'aurais aimé et estimé ; mais je
n'en sens pas moins que l'on peut avoir les
meilleures raisons pour ne point se déplacer.

Veuillez bien témoigner à S. A. S. Mgr. le
Duc de Modène tout le regret que j'ai de n'a-
voir point pu lui être utile, et recevez, etc.

Tissot, D. M.

La première signature qui se présente à nous

pour 1778 , est du maréchal de France duc d'Harcourt, gouverneur de la Normandie. Il rend justice aux talents de Janin , s'applaudit de ses succès et des avantages qu'ils ont reçus.

Plusieurs personnages de Milan lui adressent aussi au commencement de cette année les plus amicales félicitations. M. Charles Albani, qui paraît avoir été dans l'intimité de la cour de Milan , transmet à Janin les témoignages de haute estime de S. A. R. l'Archiduc, et l'en tretient de M. Nichea qui lui avait été confié par le prince pour le diriger dans l'art de guérir les yeux.

Nous ne saurions omettre les lignes qui suivent, du secrétaire de M. le comte d'Artois.

XXXVIII.

Paris , le 3 mars 1778.

J'ai reçu , Monsieur et estimable ami , la lettre que vous m'avez fait le plaisir de m'écrire le 25 du mois dernier. L'assurance que vous payez de retour les tendres sentiments que vous m'avez inspirés , m'est infinimen précieuse ; mais il aurait fallu , pour que ma joie fût complète, que vous eussiez accompagné mes sœurs ici ; c'était de votre présence que j'aurais désiré jouir.

Je vous en aurais bien voulu si vous ne m'aviez communiqué vous-même l'accueil qui vous a été fait en Italie , et si j'eusse appris par un autre que par vous les faits intéressants pour

moi que vous m'apprenez. C'est une bonne
chose que cette pension que vous tenez de la
reconnaissance de Mgr. le duc de Modène ;
c'est une bonne chose encore que ce superbe
présent de diamants ; mais ce n'est pas ce qui
me réjouit le plus , parce que je suis bien
sûr que c'est ce qui vous a réjoui le
moins. Ce qui m'enchante est cette lettre de
l'Impératrice-Reine qui vous a été rendue par
son ministre et la circonstance que les diamants
vous ont été remis en présence de la cour, de
la main de Mgr. l'archiduc Ferdinand. Pour le
titre de médecin-oculiste de Mgr. le duc de
Modène , il était tout naturel qu'il vous fût
offert, et je regarde comme aussi naturelle
votre nomination à la place de professeur ho-
noraire. Je reviens , mon cher ami , à l'Impératrice-Reine , pour me réjouir avec vous de
ce que mon sort a quelque chose de commun
avec le vôtre; c'est en effet aux bontés de l'auguste fille de cette princesse incomparable que
je dois l'honneur que j'ai d'être secrétaire des
commandements de Mgr. le comte d'Artois en
son vivant, etc.

Mercier.

La piété filiale qui a dicté cette autre lettre
et les bonnes connaissances qu'elle nous procure , nous invitent à la reproduire :

XXXIX.

Monsieur ,
Les gens de lettres s'aiment sans se con-

noître et s'estiment par leurs œuvres ; c'est ainsi que feu mon père se trouva honoré de votre amitié qui lui étoit chère, et la vénération qu'il avoit pour vous est au-dessus de toute expression. Héritier de son nom et de ses sentiments , sans savoir apprécier aussi bien que ce père chéri les talents qui vous distinguent avec tant d'éclat , je me hasarde à jetter quelques foibles regards sur votre gloire. Puis-je me flatter que vous ne dédaignerez pas les hautes idées que votre ancien ami prenoit plaisir à donner à son fils de votre mérite. Il se faisoit une grande joie de répondre à votre lettre de Milan , et de vous dire combien vous étoient dûs tous les honneurs qu'on vous rendoit à la cour de Modène; mais la mort est venue le surprendre et me laisser le soin de vous faire part de ses sentiments.....

Des intérêts particuliers, le désir de consoler ma mère, m'ont rappelé de la capitale pour me fixer à Orléans , où je me suis fait recevoir maître en chirurgie. J'ai un grand modèle à suivre dans la carrière que je parcours : heureux si je puis marcher sur des traces aussi utiles. Au moins la noble envie de me concilier l'estime de ceux qui l'accordoient à mon père et surtout la vôtre , Monsieur, me fera faire tous mes efforts pour la mériter, etc.

LE BLANC , m^e en chirurgie.

En ce lieu figurent un certain nombre de let-

tres de médecins et de personnes de distinction opérées heureusement par Janin. Nous
omettons ces titres de sa célébrité pour ne pas
tomber en de trop nombreuses redites. Plusieurs sont conçues en des termes comme ceuxci : « Je sçais que tout ce qui vient de votre
part est marqué au meilleur coin ; je sçais encore que votre mérite et vos talents vous ont
suscité des envieux et fait des ennemis ; — la
chose n'est point nouvelle, — tous ceux qui
ont fait des découvertes ont éprouvé le même
sort ; mais consolez-vous, vous avez mille fois
plus d'admirateurs que de critiques. Ainsi ,
Monsieur , continuez à éclairer le public et a
lui être utile ; l'immortalité est au bout. »

Ces paroles sont de M. Dalbis , médecin de
l'Aveyron , qui faisait l'envoi d'un mémoire
sur une maladie aux yeux du comte de Vesins.

Voici deux autographes du duc de Bourbon-
Penthièvre.

XL.

Je viens de recevoir la lettre que Monsieur Janin m'a écrite le 24 de ce mois ;
je vais chercher de nouveau à lui rendre tous
les services qui seront possibles. Je prie Monsieur Janin de ne jamais douter de la véritable
estime que j'ai pour lui.

L.-J.-M. de BOURBON.

Paris , 30 octobre 1778.

XLI.

Vernon , le 20 janvier 1780.

J'ai reçu la lettre que Monsieur Janin m'a écrite le 6 de ce mois. Je le remercie des vœux qu'il fait pour moi à l'occasion de la nouvelle année.

Je ne peux qu'applaudir aux vues qui le portent à venir au secours de l'humanité.

Je prie Monsieur Janin d'être persuadé de toute l'estime que j'ai pour lui.

L.-J.-M. de BOURBON.

Pour les cinq années de 1779 à 1783 presque toute la correspondance de Janin est perdue.

Vicq d'Azyr (1), à la date du 24 mars 1779, après avoir donné à Janin beaucoup de marques de sympathie, l'invite à faire une de-

(1) Né à Valogne le 28 avril 1748, mort en 1795. Ses écrits sur l'anatomie et la physiologie le firent d'abord connaître. Il fit avec éclat un cours d'anatomie humaine, et l'Académie des sciences l'appela dans son sein. Il s'acquitta avec honneur d'une mission en Guyane, où régnait une épizootie. Il prononça plusieurs remarquables éloges à la Société royale de médecine, dont il était secrétaire perpétuel. Il succéda à Buffon à l'Académie française. La révolution lui enleva ses places. Robespierre le força, dit-on, d'assister à la fête de l'Etre-Suprème; une fièvre violente l'y saisit et paraît avoir causé sa fin.

mande d'agrégation à la Société Royale de médecine de Paris , comptant sur le bon accueil
qui sera fait à cette demande.

Le commandeur de Loras , qui habitait la
commanderie de Saint-Georges , récemment
démolie , prie le chirurgien (28 avril) de venir
donner les premiers soins à une personne dont
il l'a entretenu, et qui est logée à l'hôtel de cet
officier.

Le baron de Piechler , secrétaire intime du
cabinet de Marie-Thérèse , est le signataire de
cette lettre :

XLII.

J'ai été bien flatté , Monsieur , de recevoir votre lettre avec celle pour S. M. mon
auguste souveraine. Elle l'a accueillie avec sa
bonté ordinaire, en m'ordonnant de vous marquer que la justice par vous rendue à la méthode
de l'incomparable Van-Svietten (1) ajoute en-

(1) Il était né à Leyde en 1700. L'envie le proscrivit
de la Hollande, où il enseignait l'art médical. Les Anglais lui offrirent mille livres sterling de pension qu'il
refusa. Il préféra se rendre à Vienne où Marie-Thérèse
l'appela en 1745. Il y professa la médecine avec un
grand succès. Les étrangers couraient en foule à ses leçons. L'impératrice le nomma son premier médecin ,
son bibliothécaire et directeur des facultés de médecine
des pays héréditaires. Il a laissé de nombreux ouvrages.
On lui reproche quelques tendances *philosophistes.*

core à la bonne opinion qu'elle avait déjà de votre personne. Elle espère bien de l'élève de Milan , du moment qu'il se trouve sous votre direction. — Je suis , etc.

PIECHLER.

Vienne , le 7 janvier 1780.

Nous n'avons plus rien pour 1780. Pour 1781, nous ne comptons que deux noms , le comte Ollarchisie et M. Emmanuel Sacerdoty. Ces lettres, écrites de Modène, entretiennent Janin de la faveur dont il est l'objet de la part du gouvernement de ce pays : sa pension lui fut alors acquittée en une certaine somme une fois donnée, tandis que les pensions de ce genre accordées par feu le duc François,étaient toutes supprimées , en raison des embarras financiers de l'état.

1782 est veuf de lettres dans nos cartons.

Le premier ministre de Louis XVI s'entretient en ces termes avec Janin :

Versailles , le 6 avril 1783.

XLIII.

J'ai reçu , Monsieur , avec la lettre que vous avez pris la peine de m'écrire , les graines de melons et de fleurs que vous m'annoncez. Je suis très-sensible à cette attention de votre part et vous en fais de sincères remerciements.

Vous ne devez pas douter , Monsieur , que je n'apprenne avec plaisir tout ce qui pourra concourir à votre satisfaction; l'intérêt que je prends aux progrès des découvertes utiles vous en est un sûr garant, ainsi que de mon empressement à applaudir à vos succès.— Je suis, etc.

De VERGENNES.

Le même ministre répond, de Fontainebleau, le 21 octobre 1783, à propos d'un écrit sur les contusions dont Janin était l'auteur. C'est pour la première fois que nous trouvons sur la suscription d'une de nos lettres, à M. Janin de Combe-Blanche. Les titres de noblesse donnés sans doute en 1783, n'auront été enregistrés qu'une année plus tard, car ils portent la date de 1784.

Le 21 janvier 1784, M. de Vergennes assure de nouveau Janin de l'estime que lui et son frère lui ont vouée: il espère lui faire rendre « la justice qui lui est dûe. »

C'est le roi de Prusse, Frédéric II, de qui viennent les deux lettres ci-après : la première n'est que signée de ce prince, la seconde est en entier de sa main et nous paraît remarquable par la forme amicale :

XLIV.

Le Roi ayant reçu du Sr Janin de Combe-Blanche, de Lyon, la continuation de ses lettres justificatives de son ouvrage l'Anti-Méphitique, Sa Majesté veut bien le remercier de son attention et souhaiter qu'elles ayent le succès qu'il en attend.

FRÉDÉRIC.

Potsdam, ce 1er de juillet 1784.

XLV.

Cher Janin de Combe-Blanche , j'ai très-bien reçu votre obligeante lettre et suis sensible à l'attention que vous me témoignez par l'envoy des imprimés qui l'accompagnoient. Je vous en fais mes remercîments et *prie Dieu qu'il vous ait*, cher Janin de Combe-Blanche , *en sa sainte et digne garde.*

FRÉDÉRIC.

A Potsdam, le 23 de septembre 1784.

La formule qui termine cette lettre ne manque pas de piquant sous la plume du roi de Prusse.

Plusieurs lettres du cabinet de Pie VI rendent hommage aux travaux et à la personne de Janin. Le Pape lui adresse lui-même le rescrit suivant, au mois d'octobre 1784.

XLVI.

PIUS PP. VI.

Dilecte fili , salutem et apostolicam benedictionem. Studium , quo tristes mephitis casus abigere , insalubriorisque aeris respirationem mortalibus innoxiam reddere contendis, è litteris tuis libenter agnovimus. Elucubrationes ea de re gallico sermone in publicam lucem nuper a te donatæ, atque ad nos

missæ , etsi earum lectioni vacare nondum
licuerit, gratæ Nobis acciderunt, teque horta-
mur ne de medica facultate , cui præsertim
ingenium addistis benemereri desistas. Animi
devotio, quam erga Nos geris, litterisque tuis
plurimum explicas , Nobis est acceptissima ;
certioremque de propensa nostra volontate te
fieri volumus, dono apostolicæ benedictionis,
quam tibi, dilecte fili, peramanter expertimur.

Datis Romæ apud S. Mariam Majorem ,
pridie nonas octobres , MDCCLXXXIV, Pon-
tificatus nostri anno decimo.

Callistus Marinius, a Latinis
epistolis Sanctissimi.

Rohan , grand-maître de Malte , honorait
Janin de sa haute estime ; nous citerons à l'appui une des lettres de ce chevalier :

XLVII.

Malte, le 18 septembre 1784.

J'ai reçu , Monsieur , la suite de vos
lettres intéressantes concernant la découverte
de l'*antiméphitique*; je les ai lues avec plaisir
et je désire que les personnes qui vous con-
trarient rendent à vos talents et à votre désintéressement la justice qui vous est dûe : continuez comme vous avez fait jusqu'à présent
à travailler pour le bien général, laissez cla-
bauder les envieux, le suffrage des gens éclai-
rés vous est acquis; comptez sur le mien, sur
ma reconnaissance, et ne doutez jamais de la

parfaite estime avec laquelle je suis, Monsieur, votre affectionné serviteur.

Le Grand-Maître,

Rohan.

Des rapports suivis ont existé entre Janin et les frères Montgolfier. Ce qui nous le démontre, ce sont plusieurs lettres de l'abbé de ce nom, de Joseph, et d'un troisième Montgolfier, qui signe son nom tout court. Ce que nous espérions trouver sous ces signatures, c'était quelques précieux renseignements sur les travaux aérostatiques des célèbres inventeurs, alors surtout qu'une de leurs plus belles expériences eut lieu à Lyon en 1784 ; notre espoir a été deçu. Ces renseignements ont probablement existé ; mais les autographes ne sont plus là.

Le docteur Desgranges, dans une lettre du 10 mai 1785, rend à Janin une double justice : il le loue de sa découverte de désinfection qui semble parfaite pour un foyer étroit de méphitisme, mais qui pour un foyer spacieux change notoirement la question :

XLVIII.

Jouissez paisiblement de votre gloire, dit le savant médecin lyonnais à son confrère, et ne perdez pas de vue que tout le bien que pourront désormais le *vinaigre*, *le lait de chaux*, *la litière*, etc. sera votre ouvrage. Aussi vos moyens triomphent de leurs détracteurs comme ils triomphent du méphitisme, et celui qui a fait cette précieuse découverte sera toujours mis au rang des bienfaiteurs de l'humanité. Voilà votre place que tant d'autres travaux vous ont déjà méritée, et j'aime à vous le dire.

Je dois vous avouer que le vinaigre m'a mille fois réussi pour désinfecter les chambres de malades affligés de gangrène, de pourriture, de fièvres putrides, etc., ainsi que les chaises, vases et cabinets d'aisances; mais je n'ai point d'expérience en grand à vous citer, telle que la désinfection d'une fosse d'aisance lorsqu'on la vide, ne l'ayant jamais tenté par moi-même.

J'ai l'honneur, etc.

DESGRANGES.

Le prince Henri, de la maison d'Autriche, adresse à Janin le billet amical qui suit :

XLIX.

Monsieur, je vous remercie bien de la communication de l'épître de M. Thomas, que vous avez bien voulu me faire par votre dernière lettre. Je prends le plus vif intérêt à vos succès. Toutes vos découvertes utiles au soulagement de l'humanité, doivent vous concilier tous les suffrages, en dépit de l'impuissante envie. Vous me ferez plaisir de m'envoyer la suite de vos travaux. Je vous prie d'être persuadé de la part sincère que je prends à tout ce qui vous touche, et des sentimens de beaucoup d'estime, avec lesquels je suis, Monsieur, votre ami.

HENRI.

Kenisberg, le 22 août 1785.

Ici deux lettres de l'évêque de Mâcon ne renfermant rien d'historique, mais des plus charmantes en faveur des mérites de l'oculiste et du savant.

Le peu de mots qui viennent doit être mesuré dans sa portée et non dans son peu d'étendue :

A Paris, le 20 janvier 1786.

L.

Je remercie monsieur Janin de Combe-Blanche des vœux qu'il fait pour moi , à l'occasion de la nouvelle année ; je serois fort aise si je pouvois lui être utile pendant son cours.

M. L. F. de SAVOYE.

Le comte de Laurencin , un des hommes qui ont honoré à Lyon les armes et les lettres, après avoir loué Janin sur sa modération envers ses adversaires, ajoute ces détails, dans une lettre datée du château de Machi , le 18 avril 1786 :

LI.

« Je professe depuis long-temps la religion des acides. Depuis longtemps je crois que , comme ils retardent les progrès de la

putréfaction , loi rigoureuse et nécessaire à
laquelle tous les corps organisés sont soumis;
on peut en user avec confiance dans les cas
surtout où c'est d'un méphitisme putride qu'il
s'agit de se garantir. J'ai proposé à nos messieurs de verser pour quelques écus de vinaigre dans les marais du quartier neuf, en attendant que les remblais s'achèvent. Ils révoquent
en doute que l'effet produit se prolonge au-
delà de quelques heures. Vous avez vous,
Monsieur , une autre opinion. Quand même
vous vous tromperiez, pourquoi ne tenterions-
nous pas, au risque de la perdre, une chétive
dépense qui a pour objet la pureté publique.
Je veux donc aussitôt que nos rivières seront
rentrées dans leur lit, vous demander vos conseils sur la manière de procéder à une opération qui prouvera du moins nos patriotiques
sollicitudes et les vues d'humanité qui nous
animent.

J'ai l'honneur, etc.

Le Cte de LAURENCIN.

Nous laissons là les lettres d'amitié et de félicitation qui nous restent, parmi lesquelles une
de l'archevêque de Paris et plusieurs de personnages distingués aussi. Nous sommes en
1789. La révolution s'avance à grand pas, et
comme si elle était le signal d'une éclipse to-
tale dans la correspondance de l'homme célèbre dont nous observons la carrière, après cette
date, tout se tait.

Recueillons cependant encore quelques échos
que l'histoire réclame. Ce sont d'abord ces
lignes aussi brèves qu'accentuées d'un fidèle
du Roi , alors que déjà les esprits étaient en
fermentation à Lyon, et préludaient aux cala-
mités dont cette grande ville devait bientôt
être le théâtre :

LII.

Château de Moulinvieux, le 13 octobre 1789.

J'approuverai toujours , Monsieur , tout
ce que les habitants du faubourg de la
Guillotière feront de concert avec le Consulat,
M. Joubert et M. l'Intendant. Je les regarde-
rois comme les ennemis du bien public , s'ils
agissaient autrement.

Votre très-humble, etc.

Le Mis de SCEPEAUX.

Cet autre document sera bien placé à côté
de celui qui précède :

LIII.

Versailles, le 5 septembre 1789.

J'ai reçu , Monsieur , la lettre que
vous m'avez écrite le 29 aoust. J'en ai lu les
détails avec intérèt. Le Roy approuve les mesures que les municipalités de son royaume
prennent pour le maintien du bon ordre et de
la tranquillité publique. Le zèle des habitants
du bourg de la Guillotière ne peut qu'être
agréable à Sa Majesté. Je ne doute pas que

vous ne le dirigiez avec autant de sagesse que de patriotisme , et je vous suis très-reconnaissant des offres que vous voulez bien me faire pour le château de St-Priest.

J'ai l'honneur, etc.

Le Cte de St-Priest.

Janin fut très-lié avec Delandine, bibliothécaire de la ville de Lyon, auteur de nombreux ouvrages et qui a laissé l'éloge funèbre de son ami. Il écrit de Paris à notre oculiste au moment où allaient se réunir les représentants des trois ordres.

LIV.

Nous partons à l'instant pour Versailles , quoiqu'on murmure de toutes parts que l'ouverture des Etats est renvoyée au 4 mars. Au surplus, nous allons voir l'air du pays et retirer nos malles. Les députés commencent à aborder de toutes parts; mais ceux de Paris ne sont point encore nommés. Les plus grands troubles désunissent les habitants de cette ville ; le tiers-état a chassé tous les quarteniers, espèce d'officiers municipaux qui devoient présider les assemblées particulières. Dans le quartier St-Antoine, le sieur Réveillon, connu par sa manufacture de papiers de tapisserie, ainsi que le principal agent de la manufacture des glaces, ayant eu le malheur de dire qu'un ouvrier pouvoit vivre avec 15 s. les ouvriers se sont attroupés et ont menacé de mettre le feu aux deux établissements. On leur a observé que les voisins en souffriroient; cela a fait éteindre les flambeaux; mais si Réveillon et l'autre ne s'étoient sauvés, ils auroient été mis en pièces. On a brûlé leur double effigie liée ensemble. Ces mouvements, les divisions qui vont croître entre les députés mêmes, le grand parti élevé en ce moment par les princes, la noblesse et les parlements contre M. Necker, les prétentions excessives d'une partie du tiers, tout cela prépare peu d'effet dans les états généraux pour la tranquillité commune, et des jours d'orage pour l'avenir.

On a annoncé aujourd'hui la mort de l'Empereur. Cependant cette nouvelle ne s'est point confirmée et on est en suspens sur sa réalité. Cette mort entraîneroit sûrement la guerre pour le choix d'un empereur et hâteroit sans doute la décadence nationale.

Ma femme vous aura peut-être appris la promotion de M. de Flesselles à la prévôté des marchands de Paris. Daignez lui communiquer les débats de cette ville...

Agréez....

DELANDINE.

Ce dimanche matin 20 février.

Notre tâche est terminée. Nous avons désiré élever un monument à une belle mémoire par sa correspondance. Des pertes regrettables nous privent d'une partie des titres qui l'ont glorifiée. Telle pourtant que nous avons pu la présenter, la réputation de Janin de Combe-Blanche restera une de] celles qui ne meurent point.

Notre chirurgien partit de peu et il arriva à beaucoup. Il dut son succès à son application; sa gloire, à son génie. Il étendit les limites de la science. Il obtint les plus rares distinctions. Sa grande fortune ne lui fit pas oublier les malheureux : nous pourrions citer plus d'une autorité à ce sujet. Un chanoine de Lyon, par exemple, lui écrivait en ces termes :

LV.

Permettez-moi de vous recommander un pauvre malheureux qui perd la vue. Je connais votre charité : elle embrasse toute cette classe de citoyens si nombreux et si maltraités de la fortune. Je ne doute pas que la personne que j'ai l'honneur de vous adresser n'en éprouve toute l'aménité, etc.

L'abbé de CORDON, comte de Lyon.

Quant à la manière d'écrire de Janin, M. de l'Oras qui trouvait une similitude entre le système de Platon sur la vision et le système exposé par Janin , lui rappelle ce rapport et arrive à lui dire : « Ce n'est pas en cela seul que vous lui ressemblez (à Platon); votre style est plein d'images et votre âme est pleine de noblesse. »

De même que l'illustre Thomas consacra un

poème à Janin , ainsi des littérateurs italiens
lui adressèrent des poésies en leur langue ma-
ternelle et en latin. Ces vers généralement
remarquables sont là sous nos yeux ; mais le
temps nous presse et nous empêche d'en en-
richir ces pages.

Dans les temps difficiles où il était possible
d'espérer conjurer la révolution , Janin de
Combe-Blanche parut à la tête des gens de
bien de sa commune et fit preuve d'une qua-
lité que tous n'ont pas : un vrai patriotisme.
Il acheva de vieillir en pratiquant toutes les
vertus , en continuant avec éclat les travaux
de sa profession, et le jour où il s'éteignit fut
un jour de deuil général pour la ville de Lyon
témoin de ses mémorables opérations et d'une
existence si bien remplie.